MY
JOB

나의 직업

어쩌면 당신의 시선

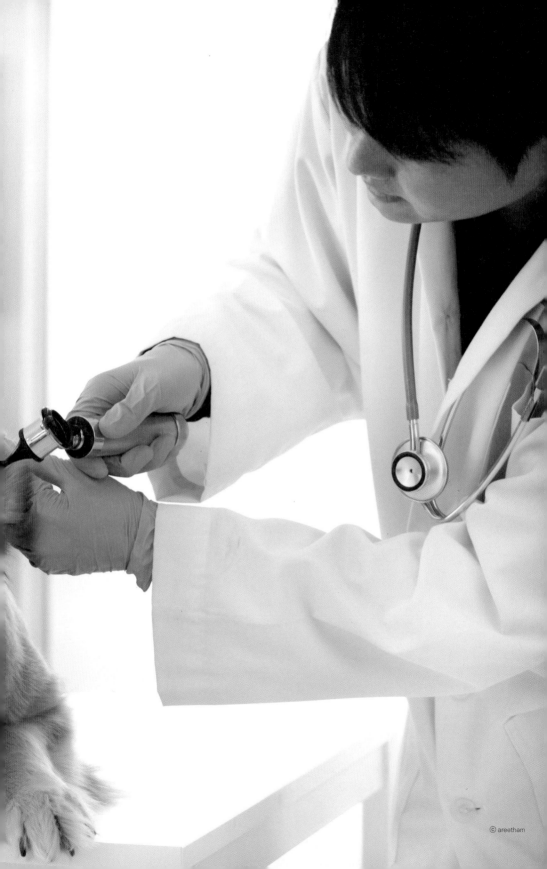

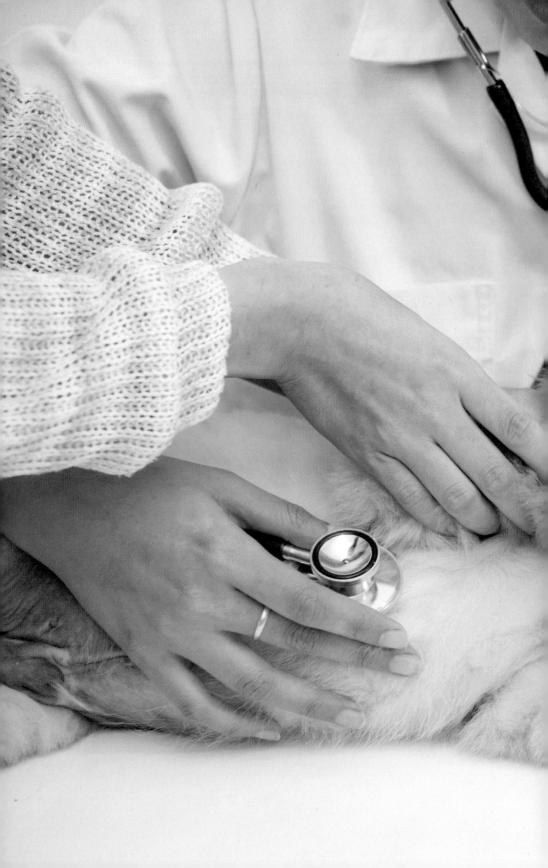

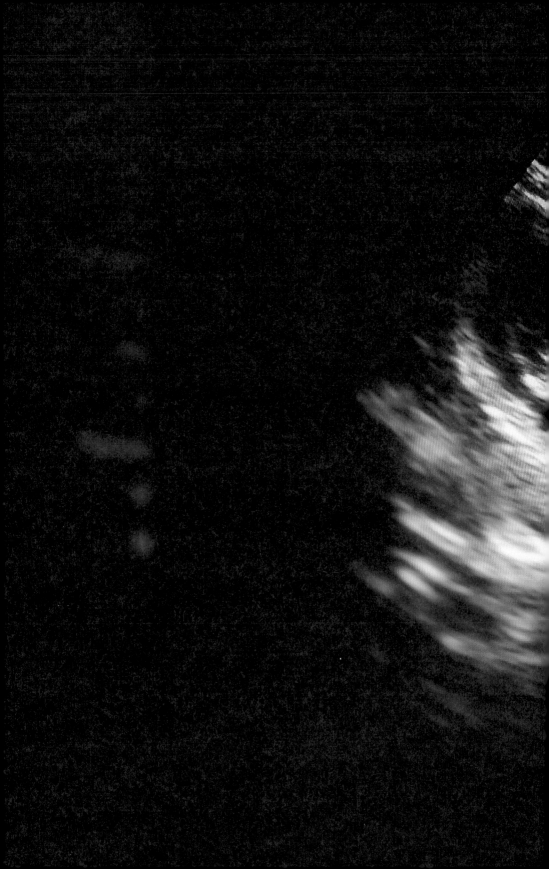

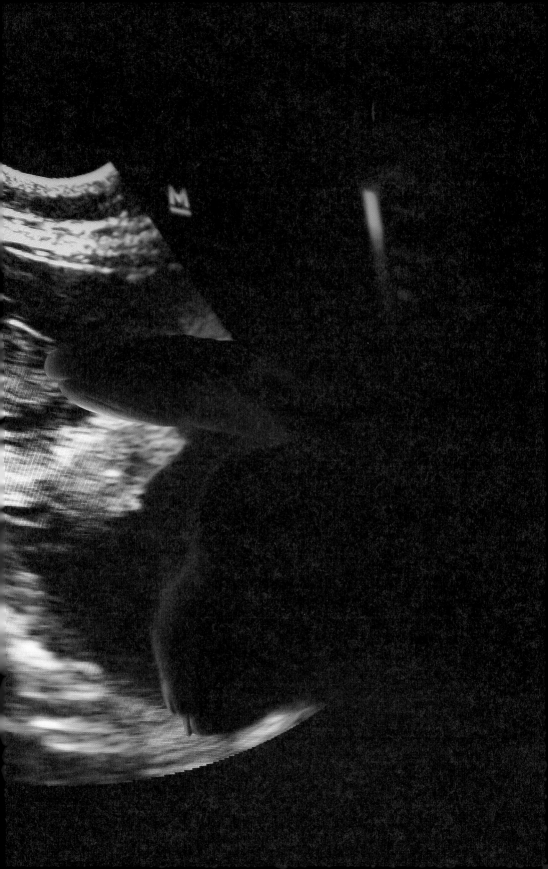

CONTENTS

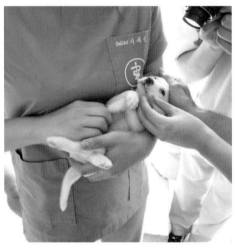

Part One

History

Part Two

Who & What

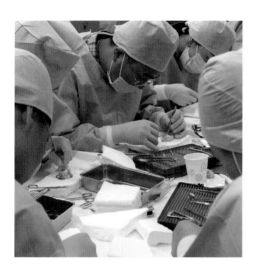

Part Three

Get a Job

Part Four

Reference

Part One

History

© Olya Maximenko

인간사회와 동물

"주인과 애완견은 참견하지 않으면서 공감해주는
환자와 심리치료가 간의 관계와 유사하다."
- 아론 캐처(정신의학자)

최근 한 설문조사 기관의 조사에 따르면 우리나라에서 반려동물을 기르는 가정의 비율은 약 17.4%에 이른다고 한다. 그들 가정에서 길러지는 개와 고양이의 수가 약 700만 마리를 넘어선다는 보도는 우리가 동물과 함께 살아가는 사회에 살고 있음을 받아들이게 한다. 늘어난 반려동물의 수만큼 이들을 산업 구조 속으로 끌고 들어온 펫 비즈니스 시장도 매년 15%이상 확장하며 연간 시장규모가 6조원에 육박할 만큼 나날이 그 규모가 확장되고 있다.

이와 같은 반려동물 열풍, 또 동물 애호가의 증가는 여러 가지 사회적 요인과 연관이 있다고 할 수 있다.

우리는 십 수 년 전만 해도 동물을 식용이나, 도둑을 경계하기 위한 수단으로 여겨 왔는데 오늘날에는 외로움을 달래고 우정을 나눌 수 있는 친교적인 관계로 인식하게 되면서 동물에 대한 사회 전반적인 분위기가 변하게 되었다.

동물과의 이러한 친교적 태도는 우리 사회가 대가족 중심에서 벗어나 핵가족화와 더불어 노인 가구 또는 결혼을 기피하는 젊은이 1인가구가 증가하는 현상과 무관하지 않다고 볼 수 있다.

이들은 사회적 인간관계의 소원함이나 고립감으로부터 벗어나기 위하여 동물을 기르는데 동물을 자신들의 반려이자 가족 구성원으로 받아들이고 가족으로부터 얻던 위안과 격려를 동물로부터 얻거나, 함께 나누고 있기 때문이다.

동물과 함께 사는 사람들이 늘어나면서 자연스럽게 이들 사이의 유대 관계나, 동물로부터 얻는 긍정적인 효과들에 대한 이야기도 활발히 거론되고 있다.

인류의 관계에 놓여 있지 않은 동물에게도 가족이라는 칭호를 붙여 정서적 교감을 나누는 이들은 동물을 단순히 우리 집에 사는 '내 소유의 어떤 것'이 아니라, 함께 살아가는 동반자라고 생각한다고 한다.

시장조사 전문기관이 동물을 기르고 있는 전국 만 19세 이상 성인남녀 1,000명을 대상으로 설문조사한 결과를 보면 반려동물 양육 후 다음과 같은 긍정적인 효과를 누렸다고 대답했다.

우선 가장 많은 수(66.5%, 중복응답)의 사람들이 '또 하나의 가족이 생긴 것 같다'고 대답했다. 이는 혈연으로 이어진 혈족관계가 아닌 대상, 즉 사람이 아닌 다른 영역의 존재를 가족의 구성원으로 받아들일 수 있을 만큼 동물로부터 많은 교감과 정서적 위안을 얻었기 때문으로 추측된다.

또 함께 사는 동물 덕분에 '웃을 일이 많아지고(47.5%)', '가족분위기가 활기차졌다'는 응답(40.1%)도 많았으며 '외로움을 달래준다'는 응답도 34.4%에 달했다.

이들에게 반려동물을 기르는 가장 큰 이유를 묻자 '동물을 좋아한다(69.2%, 중복응답)', '가족 구성원이 원하기 때문(47.6%)'이라는 답변이 순서대로 많은 비율을 차지했고. '또 하나의 가족을 갖고 싶다(38.9%)'와 '자녀 정서함양 목적(26.9%)'도 반려동물을 키우는 이유로 손꼽혔다. 이와 함께 '외로움을 달래기 위해서(20.7%)'라고 응답한 사람도 많았다.

애완동물(pet)에서 반려동물(companion animal)로

사람과 더불어 살아가는 고양이나 개 등과 같은 동물들을 말하는데 예전에는 애완동물이라고 불렀는데 1983년 10월 오스트리아 비인에서 열린 국제 심포지움에서 애완동물 대신에 반려동물이라는 말을 사용하자는 제안이 나온 후 일반적으로 사용하게 되었다.

©amfroey

사회 속에서 사람들은 다른 사람들과 경쟁 관계에 놓여 쉴 새 없이 노력을 해야 하고, 성공을 향한 스트레스 속에 있지만 반려동물과 함께 있는 곳에서는 위로와 안정, 애착을 느끼게 된다고 한다.

이러한 애착 유대 관계에 대해 동물학 박사 제임스 서펠은 "개와 고양이는 애착과 숭배의 표현을 통해 주인에게 어떤 결함과 실패가 있더라도 그를 사랑하고 존중한다는 사실을 느끼게 한다."고 설명하기도 했다.

실제로도 반려동물 중 가장 친근감이 있다는 개의 경우 "카밍 시그널(Calming signal)"이라는 신호를 통해 사람과 소통하려는 노력을 한다.

카밍 시그널이란 말 그대로 조용히 몸의 일부를 사용하여 자신의 생각을 전달하려는 몸짓을 말하는데 눈 피하기, 코 핥기, 기지개 펴기, 눈 깜빡이기 등의 행동이 여기에 속한다.

개들은 자신들의 카밍 시그널을 활용해 사람들에게 이러한 신호를 보내며 사람의 감정을 차분하게 만들고 자신과 유대감을 쌓아갈 수 있는 환경적 요건을 만들어 가는 것이다. 그러면 함께 하는 사람은 이러한 카밍 시그널을 통해 사회에서 받는 스트레스를 해소시키고, 고립감이나 소외감 등 현대인의 고질적인 정서적 문제들에서 잠시나마 해방될 수 있으며 지속적으로는 동물과 교감을 나누며 유대 관계를 형성하게 되는 것이다.

반려동물이 아프면 사람들은 그들을 동물병원에 데려간다.
사람처럼 동물을 전문적으로 상대하는 의료인들에게 동물의
병을 문의하고 올바른 치료를 받기 위해서다. 넘쳐나는
반려동물의 수와 걸맞게 동물을 전문적으로 관리하는 센터나
동물병원, 상점들도 늘어나고 있다.

그러나 이러한 동물 관련 업체가 모두 전문 자격인들에게만
허락된 영역은 아니다.

흔히 펫숍, 펫샵이라고 불리는 애완동물용품점의 경우
수의사가 상주하는 동물병원과는 구별되는 업종이다.

이들 상점은 동물들의 먹이인 사료, 간식, 악세서리, 목줄 등
동물에게 필요한 용품들을 판매한다. 마치 사람들의 슈퍼마켓

같은 곳이라고 생각하면 쉽다. 더러는 동물들을 팔기도 하는데 유럽 국가들의 경우엔 애완동물용품 매장에서 개나 고양이 같은 동물을 판매하지 못하도록 금지하고 있다.

또 이러한 동물 관련 상점은 용품만을 판매하는 판매처만을 운영하기도 하고, 미용샵, 호텔 등을 함께 운영하기도 한다.

하지만 이들은 동물병원과 같은 전문 의료인이 운영하는 곳이 아니며, 단지 애완동물과 관계된 용품이나 서비스를 판매를 하는 사업체라는 점을 알고 있어야 후일 동물에게 문제가 생기거나 필요한 서비스가 있을 때 혼동하지 않을 수 있다.

애완용품 상점은 국내뿐만 아니라 세계적으로 증가하는 추세다. 먼저 미국의 경우 2019년 애완동물용품 시장은 약 50조원 규모의 시장으로 평가되었다. 기본적으로 필요한 필수용품을 제외하고도, 사치성이 짙은 특별한 용품들을 구매하는 애완동물 소유주들이 약 2배 이상 증가한 결과였다. 사치용품이란 애완동물 전용 스포츠용품이나, 장식품, 목욕용품, 장난감, 고급 식기류, 영양제, 가구 등등을 포함한다.

실제로 미국에서 애완동물을 기르고 있는 사람들의 41%가 넘는 비율이 이러한 사치품을 구매한 적이 있다고 응답하기도 했다. 또 애완용품 상점의 증가는 소형 상점에서 대형체인점 형태로 시장의 규모나 모습이 변화하고 있는 것도 큰 몫을 차지한다. 미국의 경우 PETsMART와 Petco 등의 유통서비스들이 여기에 포함된다. 로스앤젤레스에 있는 최고급 애완동물용품점인 Fifi & Romeo에는 150달러짜리 강아지용 캐시미어 울 스웨터가 판매되고 있을 정도라고 하니 애완용품 상점의 열기는 경기 불황이나, 규모에 상관없이 꾸준히 상승세를 이어갈 것으로 추정된다.

애완동물을 관리하고 기르는 데 필요한 물품과 그 서비스를 제공하는 곳이 애완용품 상점이라면, 동물병원은 사람의 의료기관과 같은 역할을 수행하는 곳이다. 즉 동물의 질병을

예방하거나, 진료하고 또 치료하는 서비스를 제공하는 곳이다.

이들은 국가에서 정한 법령에 따라 면허증을 갖춘 사람만이 설립 운영할 수 있다. 따라서 동물병원을 이용할 때에는 면허증을 취득한 수의사가 운영하는 곳이 맞는지, 서비스의 종류가 합법적인 절차에 따른 것인지, 의료장비 등에 대해 정기적으로 농림축산식품부 등의 상위 기관으로부터 품질검사를 받는지 등을 꼼꼼하게 살펴볼 필요가 있다.

동물을 기르는 사람들에게 동물병원은 떼려야 뗄 수 없는 필수적인 기관이므로 그 선택에도 주의를 기울여야 한다. 특히 어린 동물을 입양 받아 키우게 될 경우 반드시 동물병원을 찾아 검진을 받고, 질병 유무를 따져 치료를 받거나 예방해야 한다.

고양이와 강아지의 경우 4개월 령이 될 때까지는 2-3주에 한 번씩은 찾아가기 마련이고, 때문에 동물들의 소유주들에게 동물병원은 좋은 정보를 나눠줄 수 있는 창구이자 신뢰할 수 있는 대상이 되어야 한다.

따라서 동물병원을 고를 때에는 반드시 그 동물병원의 주요 진료동물이 어떤 동물 인지 우선적으로 따져보고, 그 뒤에는

자신의 집과 가까운 곳으로 결정하는 것이 좋다. 집에서 크는
반려동물들의 경우 이동 경로가 길어지거나 환경이 달라지면
스트레스를 받거나 예기치 않은 질병을 얻기도 하므로 가급적
거리는 짧은 곳으로 선택하는 것이 좋다.

또 동물병원의 위생 상태와 검사시설도 살펴봐야 하는 요건 중
하나이다. 동물병원은 건강한 동물들보다는 병에 걸린 동물들이
출입하는 곳이므로 동물들이 놓이는 진찰대나, 진료 용품이
수시로 소독되고 청결을 유지하는지 반드시 살펴야 한다.

또 진찰하는 수의사가 손을 씻고 촉진을 하는지, 혹은 다른
동물을 만지고는 바로 이어 또 다른 동물을 만지지는 않는지 등을
잘 살펴 병원의 위생 개념을 미리 파악해두어야 한다.

또 동물병원에 방문할 때에는 함부로 다른 동물들을 만지지
않도록 하며 목줄이나 이동가방 등을 지참해 동물이 탈출하거나,
다른 동물에게 해를 입히지 않도록 주의해야 한다.

사랑하는 반려동물을 더 건강하게 키우고 나아가
응급상황에서 생명을 구하기 위해서 반려인에게 동물병원이란
무척 중요한 기관이다.

따라서 나의 반려동물을 위해 어떤 동물병원을 선택하고
이용해야 할지 많은 정보를 습득해 현명한 판단을 내리는
반려인으로서 준비가 되어야 할 것이다.

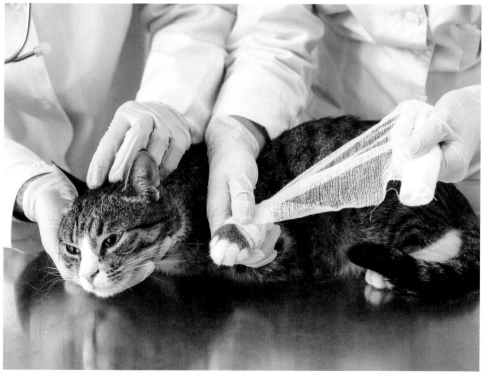

03 동물학대와 동물보호의문제

　동물 애호에 대한 의식이 날로 고취되면서, 동물 실험, 식용, 사육, 생태계 보존 등 동물권에 대한 관심도 높아지고 있다.

　농림축산검역본부의 동물보호에 관한 국민의식 조사 결과에 따르면, 우리나라 국민들 중 약 70%의 사람들은 우리나라의 동물보호 수준이 다른 선진국들과 비교해 '낮은 수준'에 머물러 있다고 대답했다고 한다. 때문에 국가와 지방자치단체의 동물보호 정책 추진이 필요하다고 답한 수도 89%로 높게 나타났다.

　그렇다면 동물보호란 무엇을 의미할까?

　일반적으로 동물보호란, 동물을 함부로 죽이는 것, 상처를 입히는 것, 괴롭히는 것 등의 일이 없도록 할 뿐 만 아니라 동물들의 습성을 고려하여 적정하게 다루는 모든 일을 포함한다.

즉 단순히 동물을 사랑하며 기르는 일 뿐만 아니라, 소유주의 부주의로 동물을 유기하고, 경제적인 이유로 동물을 학대하거나 방치하는 등의 관리 소홀 및 의식 수준 역시 동물 보호의 대상 안에 놓여 있다.

반려동물과 유기동물, 또 실험동물과 생태계 전반에 걸친 동물들의 생명을 존중하고 그들의 안락한 삶을 보호하는 선진적인 시민 의식을 고취하기 위해 우리나라에서도 동물보호법을 제정해 시행중이다.

1991년 '동물보호법' 제정 이후 몇 차례 개정을 거듭하며 규정이 정비됐으나 일각에서는 아직 개선해야 할 곳이 많다는 지적이다. 최근의 잔혹한 동물학대 범죄들은 이에 대한 필요성을 부각시킨다.

또한 장사라는 상업적 목적만을 위하여 불법적이고 비인도적으로 동물을 번식시켜 유통시키는 일들이 비일비재하며 동물을 1회성으로 가지고 놀다가 무책임하게 버리는 행위 역시 날로 늘어가고 있는 실정이다.

법적으로 동물은 보호를 받을 권리를 가지고 있고, 그들의 권리를 보장해주어야 함에도 여전히 다수의 사람들은 이유 없이 동물을 학대하고, 생명을 존중하지 않는 것은 물론이고 더 나아가 그러한 태도가 인간의 존엄성을 높여준다는 잘못된 생각을 하기도 한다. 즉 사람이기 때문에 동물들에게 당연히 그런 행위를 할 수 있다고 생각한다는 것이다.

또한 이들을 처벌할 수 있는 권력을 가진 기관과 담당자들의 인식도 문제가 되고 있다고 한다. 급격한 경제사회의 발달로 인한 사회적 가치관의 재정립이 걸림돌로 작용하고 있다고 하더라도 우리 모두가 동물과 그들의 생명에 대한 인식을 이제는 바꾸어 나가야 할 때가 되었다고 하겠다.

동물에 대한 이와 같은 박해적인 시선은 단지 개인의 환경과

의사결정일 뿐일까? 사실 이러한 동물에 대한 학대와 무책임한 유기는 필요할 때에는 좋아하지만 필요 없을 때에는 조금의 양심적 가책도 없이 잊어버리는 동물 소유주들의 책임이 크다고 할 수 있다.

즉 가정에서 그저 반려동물의 이로운 점만 알고 필요에 따라 키우고 버리는 잘못된 반려동물 문화 의식이 사회에 확산되면서 이러한 사회적 문제들이 발생하고 있는 것이다.

농림축산검역본부의 조사에 따르면, 가정에서 개나 고양이를 기르는 것에 대하여 가장 큰 문제점으로 지적된 것은 '환경이 불결해지는 것(20.7%)을 비롯한 주로 위생상의 문제(52.5%)였으며, 타인이나 이웃이 개나 고양이를 기를 때의 가장 큰 문제점으로 '짖거나 우는 소리'를 꼽은 응답자가 31.8%로 가장 많았고, '공공장소에 배설물을 방치하는 문제'도 28.3%로 나타났다.

결국 이들 설문조사가 보여주는 실태는 공동주택과 공공장소에서 반려 동물의 소유주들의 그릇된 양육방식이나, 동물 유기, 학대 등이 동물을 기르지 않는 사람들에게 불편과

혐오감을 주고 이것이 결국 동물에 대한 인색한 시선과 차별적인 마인드를 불러일으키는 원인이 될 수 있다는 것을 보여준다고 하겠다.

따라서 반려동물에 대한 책임감 있는 의식과 행동이 동물과 내 이웃 모두를 지켜나가는 동물보호의 작은 시작이 될 수 있다는 것을 명심해야 한다.

그러나 동물을 기르는 이들의 생각을 고친다고 이 문제들이 금방 해결될 수 있는 것은 아니다. 보다 근본적인 차원에서, 동물이 인간과 동등하게 소중한 생명을 가진 존재라는 기본적인 의식이 생길 때에 비로소 그들의 권익보호와 함께, 반려동물과 더불어 살아갈 수 있는 인간의 바른 정서적 활동도 가능해지기 때문이다. 결국 반려동물에 대한 인식의 변화는 보다 의미 있는 정서적 보상을 인간에게 돌려준다는 사실을 우리는 알아야 할 것이다.

때문에 동물보호 문제는 반려동물 뿐만 아니라 동물실험이나 개체수가 줄어드는 동물생태에 대한 우려의 시선들도 함께 다루고 있다.

　동물실험이란 교육, 시험, 연구 및 생물학적 제제의 생산 등
과학적 목적을 위해 동물을 대상으로 실시하는 실험 또는 그
과학적 절차를 말한다. 동물실험은 다양한 형태로 이루어진다.
의학이나 생물학 분야에서는 해부를 통해 동물의 생체를
관찰하거나 유전적 특징, 성장 과정, 행동 양식 등을 연구하기도
하고, 때론 의약품의 원료가 되는 재료를 채취한다. 하지만
우리가 일반적으로 생각하는 동물실험은 새로운 제품이나
치료법의 효능과 안전성을 확인하기 위한 것으로, 의약품뿐만
아니라 농약이나 화장품, 식품 등이 인체에 미치는 영향을
예측하는 데에도 활용된다.

　일반적으로 동물실험에는 가축이나 야생동물을 포함하여
원생동물부터 포유동물까지 다양한 종의 동물들이 쓰이고 있다.
2017년 기준, 실험용으로 사용되는 동물은 세계적으로 연간 약
1억 마리로 집계되었으며 국내에서도 약 300만 마리 이상이라고
추산되었다.

　동물실험이 정당하다고 보는 입장에서 주로 근거로 삼는
기준은 도구 사용 능력이나 언어 능력, 또는 이성 등은 인간이
갖는 고유한 특성이라는 점이다. 즉 그들은 인간과 동물의
차이점을 근거로 인간과 동물을 다르게 대우해도 된다고
주장하는 것이다. 심지어 인간과 동물을 절대적으로 가르는
특성을 명확히 구분해낼 수 없더라도, 사람들끼리 서로 같은 인간
종이라는 그룹에 속해있다는 직관적인 사실이 동물실험의
정당성을 보장해준다는 주장도 존재한다. 같은 DNA 또는
유대감을 공유하는 구성원으로서 계약 관계를 맺고 있는
인간만이 도덕적 고려의 대상이 될 수 있으며, 그렇지 않은
동물을 실험에 사용하는 것은 도덕적으로 문제가 되지 않는다는
것이다.

　그러나 이것은 지극히 인간중심적인 사고방식일 뿐이다.
동물행동학 연구들은 동물들에게도 지능이나 문화가 존재함을

밝히는 등 인간과 동물의 근본적인 차이를 부정하는 결과들을
내놓고 있다. 또한 동물의 복지를 인정하는 생명윤리학자들은
설사 인간과 동물이 이성이나 언어 능력 등에서 차이가 있다고
하더라도, 이러한 사실이 동물실험을 해도 된다는 결론으로
이어지지 않는다고 이야기 한다. 이들이 중요하게 고려하는 것은
고통과 쾌락을 느낄 수 있는지의 여부이다. 이들은 동물이 인간과
여러 가지 면에서 차이가 있다고 할지라도 동물 역시 인간과
마찬가지로 고통을 느끼기 때문에 인간과 동등하게 배려되어야
한다고 이야기한다.

　　이러한 움직임에 따라 동물실험이 인간 사회에 유용하다
할지라도, 이를 대체할 수 있는 방법이 있다면 동물실험을 하지
않는 것이 마땅하다는 주장도 제기되었다.

　　환자 관찰이나 사체 연구, 인간 세포와 조직을 이용한 실험,
컴퓨터 시뮬레이션을 통한 연구 등을 적절히 활용한다면
동물실험을 하지 않고도 충분히 동물실험을 통해 얻어지는 것
이상의 정보를 얻을 수 있다는 것이다.

　　최근에는 살아있는 동물 대신 인간 세포나 인공 피부를
사용하거나 동물의 반응을 본뜬 컴퓨터 모델링을 활용하는 방법
등 다양한 대체실험법이 개발되고 있다.

　　결국, 동물실험 반대 입장에서는 의학의 진보에 있어서
동물실험의 역할을 과대평가 해오던 습관에 제동을 걸고,
동물실험보다 더욱 실효성이 있으면서도 윤리적으로도 정당한
방안을 찾고 있는 것이다.

현재 토끼 눈 점막을 이용하여 화학물질의
자극성을 평가하는 드레이즈 테스트나 실험
대상 동물의 절반이 죽는 데 필요한 화학물질의
농도를 측정하는 반수치사량실험 등은 동물이
받는 고통에 비해 의학적 도움이 크지 않다는
판단 아래, 전 세계적으로 폐지되고 있다.

이 외에도 2000년대를 전후로 유럽 각지에서
화장품 개발에 동물실험을 금지하는 법안이
발효된 바 있으며, 동물실험에 반대하는 NGO
단체들을 중심으로 불필요한 동물실험을
줄여나가려는 운동도 확산되고 있다.

최근에는 우리나라에서도 화장품 업계에서
동물실험 반대 바람이 불고 있다. 이미 검증된
원료를 이용하거나 동물실험을 대체하는
실험법을 사용함으로써 개발 과정에서
동물실험을 거치지 않는 제품이 생산되고 있다.

이는 동물 복지에 관심이 있는 소비자들에게
좋은 기업 이미지를 심어주기 위해서라는
기업의 이윤 추구적 입장이 크지만, 화장품
원료와 제품에 대한 동물실험을 전면적으로
금하는 유럽 국가들에서 제품을 판매하기
위해서는 필수적인 요건이라 태도에 변화가
생길 수밖에 없게 되었다.

그럼에도 불구하고 인간의 질병 연구를 위한
신약 개발과 기술 연구에 아직도 많은 동물들의
희생이 진행되고 있는 것은 사실이다.

이에 우리나라에서는 국립수의과학검역원의
훈령을 통해 동물 생명의 존엄성을 보장하는
동물 실험 지침을 제정, 시행하고 있다.

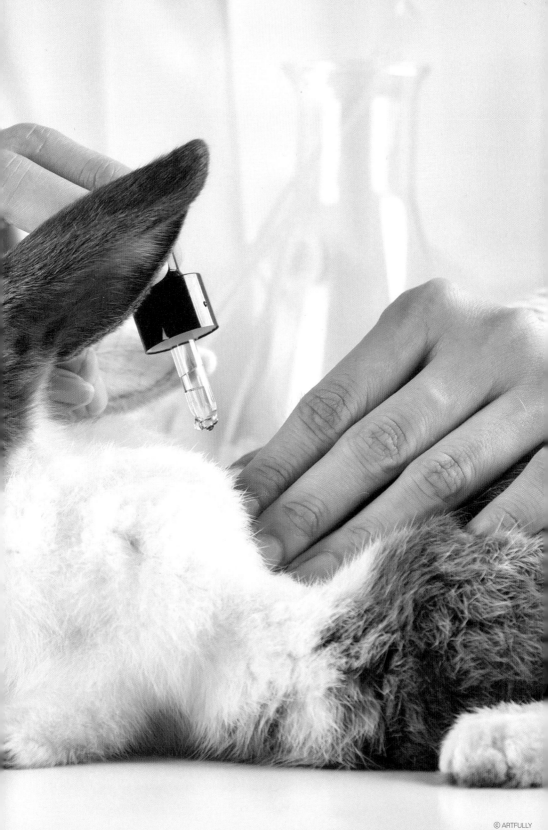

Part Two

Who & What

수의사란 말 그대로 동물의 질병을 돌보는 의사를 말한다. 그런데 사람의 질병도 돌보기가 힘든데 우리 인간은 언제부터 동물들의 질병 치료나 예방에 관심을 기울였을까?

수의사의 등장과 역사

오늘날 수의사는 동물의 질병을 예방하고, 진료해 동물의 건강을 증진 시키고 가축의 생산성을 향상시켜 공중보건을 관리하는 데에 집중되어 있다. 그러나 초기의 수의학의 주요 영역은 축산이라는 산업적 시각에서 가축의 전염병과 질병의 진단 및 치료에 몰려 있었다. 그 뒤 반려동물에 대한 사회적 인식이 변화함에 따라 동물의 위생적이고 건강한 생활을 보장하는 방향으로 발전하여 가축생산의 기술을 보다는 동물의 권익을 지키는 방향으로 성장하였다.

또 야생 동물을 보전하고, 생명과학 연구에 필수적인 실험동물에 대한 연구에 대해서도 여러 가지 논의를 거쳐 보다 선진적인 연구 방안을 검토해내고 있다.

그렇다면 수의사라는 직업이 시작된 것은 언제부터일까?

중국의 주나라 시절, 직제를 기록한 〈주례〉에 따르면 수의 하사 4명을 두고 있었다는 기록이 존재한다. 이를 보면 수의사가 기원전부터 중국에서는 존재하였으며 동물들의 병을 치료하는 전문 인력으로 인정받았다는 것을 알 수 있다.

우리나라의 경우 육식이 왕성하였던 상고시대를 거쳐 전쟁에서 군마를 활용했던 기록들을 거슬러 올라가면, 삼국시대부터 수의사라는 직업이 존재했던 것으로 파악되고 있다. 문헌상으로 기록된 수의사는 1388년 8월에 조준이 시무를 진술하는 중에 수의 5인과 구사 30인은 두고 나머지는 혁파하라는 기록에서 수의사의 존재를 확인해볼 수 있다.

이때에는 의약 분야에 능통한 이가 동물을 진료하고 수의 교육을 담당하였다. 드라마로도 제작되어 익숙해진 "마의" 또는 "수의"라는 관직은 고려시대와 조선시대에 존재하였다.

1894년 갑오개혁이 단행되면서 수의사에 대한 행정제도가 전면적으로 개편되었고, 아울러 서양 수의학을 중심으로 교육이 이루어지게 되었다.

하지만 처음에 수의학의 교육은 군무국 기병과에서 임시로 실시하였고, 뒤에는 관립 수원농림학교에서 수의과를 따로 설치하여 수의사를 양성하게 되었으나 얼마 지나지 않아 중단되었다. 그러다가 1908년에는

수의속성과를 설치하여 1회 졸업생 20명을 배출한 후 다시 폐과되었고, 1937년에는 수원농림고등학교에 3년 과정의 수의축산과가 설치되어 전문수의사를 양성하기 위한 교육이 다시 실시되었다.

그렇다면 한국 최초의 전문 수의사로서 현대의 수의사의 개념을 가진 자격인은 누구였을까?

바로 창경원 동물원의 원장을 지낸 이달빈 수의사이다.

이달빈은 대정향교 도훈장으로 있던 백부 이재교로부터 해외유학을 권유받고, 1909년 제주인 최초로 일본 유학길에 올라 오사카 상공보습학교를 거쳐, 1916년 오사카부립대학 예과에 입학하였다. 오사카 부립대학에 다니던 중 1919년 2월 8일 관서 지역 조선유학생회 주최로 천주사 공원에서 있었던 조선독립선언서 낭독과 시위에 주도적으로

수의사와 관련된 옛 문헌 기록

1076년 수의박사가 있어서 지방행정기관인 12목에 배치되었다는 기록이 있다. 1399년에 발간된 향약제생집성방에 따르면 신편집성마의 방의 편집자인 권중화는 의약에 능통한 사람이 었으며, 1413년 혜민국의 조교를 사복시에 속하게 하여 마의방을 익히게 하였으며, 1431년 우마방서를 전의감 의원으로 하여금 익히게 하였다는 기록이 있다.

참가하였는데, 이때 경찰서에 구금되어 심한 고초를 당하기도
했다.

1920년 3월 22일 조선인 최초로 오사카 부립대학 농학부
수의축산학과를 졸업하면서 수의사 면허를 받아 한동안
홋카이도 목장 전속 수의사로 근무하며, 한국 종마와 일본 종마를
비교, 연구하기도 하였다.

그 후 귀국하여 강원도 회양군 난곡면 현리 소재 이왕직의
난곡목마장에서 운영부장 겸 수의관으로 재임했다.

하지만 관립수원고등농림학교 교수직 제의를 거절한 이후
조선총독부 요시찰 인물로 분류되어 많은 감시를 받았다.

그 후 계속되는 일본의 감시와 제재에도 불구하고 끝까지
창씨개명과 신사참배를 거부하며 조선총독부에 항거했다.

광복 후에는 서울에서 한국인 최초의 창경원 동물원장 겸
수의관으로 재직하였으며, 한국마사회 마산과장 겸 이용과장,
미군정청 기마헌병대 전속 수의관으로 활동하였다.

또한 당시 국립대학 안이 수립되자 협조 요청을 받고
서울대학교 수의과 대학 설립에 참여하여 마정학, 병리학 등을
강의하였다.

이후 6·25 전쟁 후인 1953년 8월 5일에 피난지 충남 연기군
조치원에서 부산을 경유하여 제주에 귀향하였다. 이후
제주대학교 수의학과에서 강의를 하며 후진양성에 힘쓰는 한편
제주 말산업과 축산업 발전에 혼신의 노력을 다하였다.

이달빈 수의사

한국인 최초의 수의사로
창경원 동물원장을 지냈으
며, 한국마사회창립에 공
헌 및 제주 축산업 발전에
큰 기여를 한 인물이다.

수의사를 사전에서는 동물, 특히 가축을 대상으로 하여 이들의 질병을 예방 또는 치료하는 것을 업으로 하는 의사라고 정의하고 있다. 또 동물의 보건과 환경 위생 및 각종 질병 예방과 진료는 물론, 인수 공통 전염병의 예방과 진료에 종사하고 있다.

풀어쓰자면 수의사는 동물 내·외부기관의 질병, 장애 및 상처를 검사, 진단, 치료하고 수술하며, 동물의 분만을 돕는 역할을 담당하고 있다. 또 축산농가의 철저한 위생관리를 통해 질병을 예방하고 폐사되는 일이 없도록 방역업무를 도맡는다. 이와 관련하여 교육을 실시하고 검사를 수행하며 돼지 열병 및 광견병 등과 같은 전염병에 대한 예방접종도 수의사가 해야 하는 업무이다. 동물의 시체를 검사하여 사인을 규명하거나 수·출입되는 축산물과 고기, 계란, 우유, 어패류 등의 안전성을 검사하고 판정하기도 하며, 동물보호 및 사육에 관하여 조언하는 사회적 책무도 있다. 가축의 품종개량 등에 대해 연구하고 개발하며, 동물을 매개체로 인간에게 전염되는 질병에 관해 연구하고 예방 및 치료에 필요한 약품에 대한 연구도 하고 있다. 경마, 승마용 말을 대상으로 약품테스트나 신체검사를 수행하며, 부상당한 말을 치료한다. 동물원과 야생에서 생활하는 야생동물을 관리하고 치료하며 검역과 방역에 대한 대책을 수립하고 시행한다.

그러나 이와 같은 모든 업무를 수의사가 공통적으로 수행하고 있는 것은 아니다.

수의사는 근무하는 곳에 따라 각각의 장소에서 필요한 서비스와 책임을 맡고 있다.

동물 애호가와 반려 동물에 대한 인기가 급증하면서 수의사에 대한 관심도 함께 높아지고 있다.

예전에 비해 수의과학대의 지원률이 높아져 성적이 좋은 수험생들이 수의학과에 지원하는 것 역시 이러한 인기몰이의 한 단면이라고 할 수 있다.

하지만 동물이나 수의학과에 대한 세간의 높은 관심에도 불구하고 수의사의 일과 생활에 대해서는 그리 알려진 바가 없다. 그저 개나 고양이, 동물원의 아픈 동물들을 치료해 주는 임상 분야만이 수의사 업무의 전부인양 알려져 있다. 그러나 이러한 반려동물 임상은 수의사의 여러 가지 업무 중 하나일 뿐이다.

위에 설명한 것처럼 수의사는 반려동물의 임상뿐 아니라 소, 닭, 말, 돼지 등 산업동물의 임상과 검역, 수의 축산 정책, 공중 보건, 전염병 연구, 동물 약품 개발, 야생동물 진료 및 연구, 생명공학 및 일반 기초 의학 연구에 이르기까지 수많은 분야에서 일하고 있다. 물론 각자의 근무지에서 말이다.

수의사가 하는 일이 워낙 방대하고 넓다보니 현직 수의사조차 동료 수의사들이 정확하게 무슨 일을 하는지 궁금하다고 말할 지경이라고 한다. 그만큼 동물에 대한 인식과 법률, 또 수의사의 역할과 윤리적인 기대 사항 등이 시시각각 커지고 달라지면서 업무의 활약

분야가 다양해지고 있기 때문이다.

OIE, 즉 국제수역사무국에 한국이 가입국으로 들어간 지 약 60년이 지난 지금 미국 워싱턴 주립대의 수의과대학을 졸업한 한 한국인 수의사가 OIE의 정식 직원이 된 일도 있다. 그동안 국제수역사무국에 파견된 한국인 수의사는 많이 있었으나, 정식 직원으로 한국인 수의사가 고용된 것은 최근의 일이다.

또 로스쿨 출신 변호사로 학부에서 수의학을 전공한 변호사도 있다. 로스쿨법학전문석사 학위를 받은 그는 법학전문대학원 1기 출신 가운데 신규 임용한 공익법무관 66명 중 수의사 자격 취득 등의 경력을 인정받아 농림축산식품부로 배치돼 수의 전문 법률 전문가로서 근무하고 있다.

이처럼 수의사의 활동 영역은 국·내외 적으로 넓어지고 있으며 반려동물, 동물보호에 대한 인식 수준이 높아질수록 수의사가 활동할 수 있는 전문 분야가 더욱 늘어날 것으로 전망해 볼 수 있다.

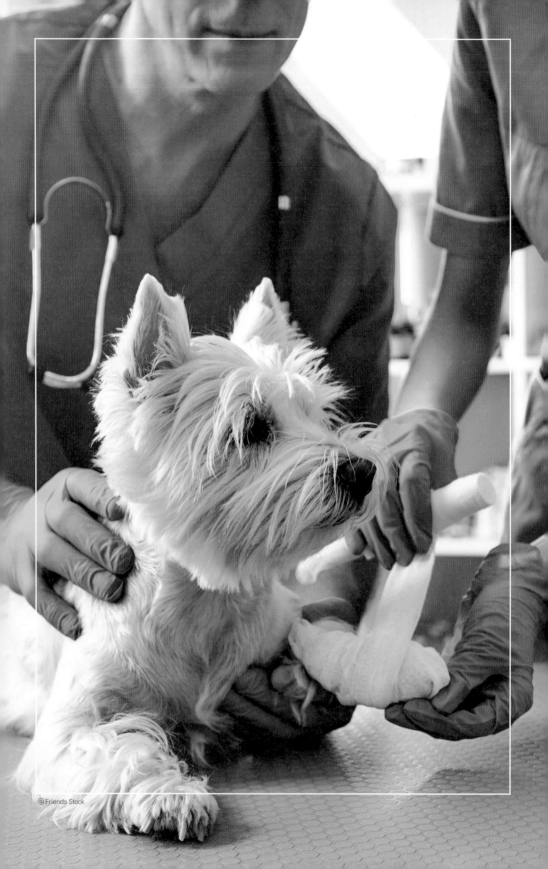
© Friends Stock

우리 사회에서 동물과 관련된 시대적 흐름은 다음과 같이 특징
지워질 수 있다. 따라서 수의사에 대한 역할 기대는 이러한
시대적 흐름과 더불어 더욱 높아질 것으로 여겨진다.

■ 동물의 진료기술의 향상 및 가축의 생산성 향상
　국민의 식생활에서 동물성 단백질은 가장 중요한 영양
자원이며 그 중요한 공급원은 축산식품이다. 따라서 이를
생산하는 각종 산업동물의 건강은 그대로 생산성 및 사람의
건강과 직결 된다.
　현재 산업동물은 생산효율성의 증대를 위하여 사육이
집단화되었고 그만큼 집단위생이 중요하게 되었다.

집단사육으로 인한 질병은 발병 원인이 복잡하고 다수의
병원체가 관여하는 전염병이 주가 된다. 따라서 수의학은 이들
전염병을 방제하기 위한 분자, 세포 및 개체수준에서의
질병발병기전과 면역기능에 대한 연구를 필요로 할 것이며
생명공학 등의 첨단기법을 이용하여 제조되는 백신이나
진단액에 의한 질병의 예방, 진단 및 치료 방법의 개발이
요구될 것이다.

■ 반려동물의 사회적 역할 개발

반려동물은 핵가족화와 고령사회화에 따라 발생하는 인간의
정서생활에 필수불가결한 요소이고 생명 존중 사상을
고취시켜 사회 정서를 순화시키는 중요한 매개체이다. 따라서
반려동물의 질병 연구와 진료 기술 그리고 반려동물 습성의
응용기술 개발은 곧 인간의 행복과 직결된다고 할 수 있다.
한편 반려동물의 증가는 인수공통전염병의 만연을 초래할 수
있으므로 공중보건측면에서 이에 대한 체계적인 연구와
대책이 요구되는 실정이다.

■ 안전성 확보에 관한 연구

위생적인 축산식품의 생산과 이에 관한 안전성 평가는
수의학의 고유 업무라 할 수 있다. 그러나 농수축산물의 생산
급증과 각종 산업사회의 발전과 함께 축산물 및 어패류를
비롯한 각종 식품의 안전 및 위생 확보가 중요한 사회적 문제로
대두되고 있다. 또한 각종 의약품, 식품첨가물을 비롯하여
사람의 건강이나 환경에 나쁜 영향을 미칠 수 있는 화학물질 및
신개발물질에 대한 안전성의 평가도 수의학에 부가된 중요한
과제 중의 하나로 부상하고 있다.

■ 생명공학 기법

유전자 조작 등의 생물공학적인 기법은 의약품과 백신의
개발, 식량의 증산, 환경 보존, 신생물자원의 개발, 질병의 진단,
치료 등에 많은 공헌을 하고 암과 같은 난치병 질환의 발생기전
해명에 기여한다.

이러한 첨단과학 분야에서 수의학은 의학 및 이·공학계
분야와 긴밀하게 협조 내지는 융합적 방법으로 학술연구에
기여하고 있으며 이러한 활동은 갈수록 더욱 활발하게 이루어
질것으로 보인다.

■ 실험동물의학의 연구

실험동물은 살아있는 시험관으로서 종래의 의약품 검정,
안전성 평가 등 사람의 보건을 위한 연구에서부터
배아조작이나 유전공학기술 등의 생명과학연구에 이르기까지
필수적인 소재가 되어 가고 있다. 이와 같은 기술발전에 따라
실험동물의 생산, 관리 및 질병 연구와 새로운 질환 모델
동물의 개발 등 실험동물의학에 관한 연구는 크게 확대될
것으로 보인다.

■ 야생동물 및 어패류(수생동물) 질병에 대한 연구 확대

지구상에 생존하고 있는 여러 종류의 야생동물들은
무계획적인 개발에 의하여 소멸되어 가고 있으며 인간과의
빈번한 접촉에 따른 새로운 전염병에 노출될 위험성도
높아지고 있다. 이에 수의학은 야생동물의 생태와 질병에
관하여 지속적인 연구를 함으로써 자연생태계의 보전에 공헌
할 것이다. 또한 수산업이 어선어업에서 양식어업으로
전환하는 시점에서 어패류 질병의 방제는 이 분야 발전에
선결과제이다. 따라서 수의학은 어패류 질병의 체계적인
연구에 통하여 어패류 자원의 확보에도 기여해야 할 것이다.

수의사와 직업윤리

수의사는 질병으로부터 동물을 보호하고, 가축이 건강하게 성장하도록 노력하는 전통적인 수의영역에서 나아가 반려동물과 실험동물을 비롯한 동물 생태계 전체를 건강하게 보존시켜야 한다는 소명을 지닌 직업이다. 따라서 동물들의 건강과 어우러져 인간 생활과 직결되는 축산물 및 식품의 안전성을 확보하고, 인류의 공중보건에도 긍정적인 영향을 미칠 수 있도록 노력해야 한다. 이에 오늘날 인류사회의 발전은 물론 동물 보존에 이바지하는 수의사의 책임은 막중하다고 볼 수 있다.

수의사는 동물병원을 운영하는 임상수의사 뿐만 아니라 연구, 교육 분야에서 일하는 수의사, 정부기관 및 공공기관 또는 사기업체에서 일하는 수의사, 공중보건 및 환경관련 분야에서 일하는 수의사, 군진수의사, 해외에서 활동하는 수의사 등 실로 다양한 분야에서 활동을 하고 있다. 따라서 이들 모두가 어떤 특정한 성격이나 능력, 특기, 취미 등을 갖춘 사람이어서 수의사가 되었다고 말하기는 힘들다.

정신적, 신체적으로 건강한 사람이라면 누구든지 수의사의 길을 생각해 볼 수 있다. 다만, 수의사로서 갖추어야 할 가장 중요한 자질인 생명, 특히 동물에 대한 깊은 애정은 필수적으로 요구된다. 또 과학, 특히 의학과 생명과학분야에 관심이 있고 탐구하는 자세가 되어 있는 사람, 적극적이고 진취적이면서도 섬세하고 인내심 있게 동물을 다룰 수 있는 사람이라면 수의사를 해나가는 데 있어 그 능력을 인정받을 수 있을 것이다.

이처럼 학문을 탐구하는 자세나 동물에 대한 애정 외에도 수의사에게 필수적으로 요구되는 것은 또 하나의 요건이 바로 도덕적인 신념이다. 수의사가 도덕적으로 준수하여야 할 사항에 대하여 대한수의사회는 윤리강령을 두고 자신들의 사명을 다짐하고 있다.

수의사의 근무환경과 연봉

수의사의 근무 환경과 수입은 어느 직장에서 어떻게
일하느냐에 따라 달라지는데 크게 볼 때 자영업으로 볼 수 있는
개업의의 경우와 기관에 취직하는 경우가 있다.

개업의의 경우에는 어느 지역에서 일하느냐, 그리고 얼마만큼
열심히 일하느냐에 따라 근무 환경이나 수입이 크게 다를 것이다.

또한 취업을 하는 경우에도 공무원이냐, 대학이냐, 연구소냐,
동물원이냐 아니면 군대인가에 따라 역시 근무 조건이냐 급여도
달라질 것이다.

하지만 수의사 자격증을 가지고 일하는 사람들을 평균적으로
살펴보면 대략 다음과 같고 구체적인 상황은 수의사의 직장에
따라 살펴보기로 한다.

일반적으로 한국직업정보시스템 워크넷에 따르면(2019년 기준) 수의사의 평균 임금은 하위(25%) 4,908만원으로 시작, 평균(50%)은 5,990만원, 상위(25%)는 7,195만원 정도의 연봉을 받고 있는 것으로 조사되었다.

수의대 졸업 후 동물병원에서 근무하는 인턴 1년 차의 평균 연봉은 약 3,000만원으로 시작하지만, 경력이 쌓일수록 점점 높아진다.

한국고용정보원에 다르면 향후 5년 이상 동안 수의사의 전망은 무척 밝을 것으로 예상되었다. 애완동물을 기르는 인구가 늘어나고 있을 뿐만 아니라, 애완동물 사육에 대한 규제 및 의무가 증가하고 있어 이들의 예방접종이나 치료, 수술 등을 담당하는 수의사의 수요가 지속될 것으로 예측되고 있기 때문이다.

뿐만 아니라, 동물보호 및 복지에 대한 사회적 인식 향상으로 각종 관련 법규가 개정되면서 수의사의 역할도 다양해질 것으로 예측되고 있다.

무엇보다 사랑하는 동물이자, 인류의 건강과 직접적으로 연관되고 있는 동물을 보다 건강하게 또 질병으로부터 자유롭게 만들기 위한 선진 복지의 개념이 자리 잡으면서 앞으로도 수의사의 업무 범위는 더더욱 넓어질 것으로 예측된다.

※ 수의사 면허증 발급 현황(2020년) : 20,649명

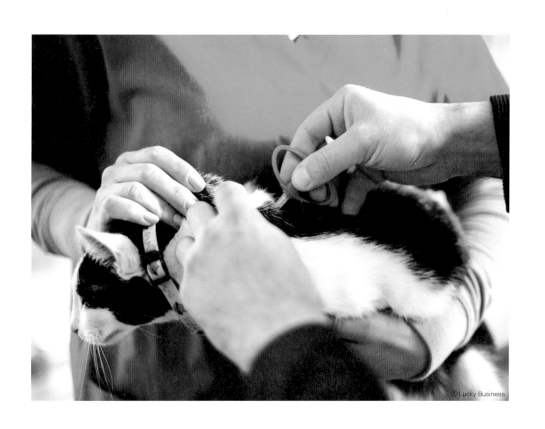

<〈지역별 수의사 현황〉

지역	수의사 수	지역	수의사 수
서울	1,977명	경기	3,245명
부산	402명	강원	361명
대구	413명	충북	382명
인천	415명	충남	520명
광주	242명	전북	566명
대전	299명	전남	441명
울산	144명	경북	449명
세종	94명	경남	546명
제주	292명	합계	10,788명

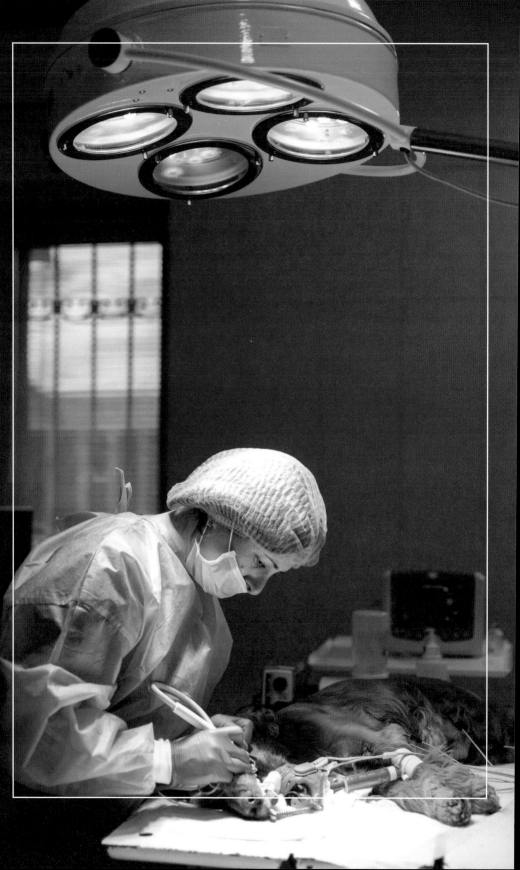

수의사 면허증을 가지고 여러 가지 일을 할 수 있는데 스스로 동물병원을 운영하는 것과 다른 기관이나 조직에 취업하는 경우로 나누어 볼 수 있다.

그리고 어디에서 어떻게 일하느냐에 따라서 근무 형태와 보수는 물론이고 하는 일이 많이 다를 수 있기 때문에 사전에 그 직업에 대하여 잘 알아보고 선택하는 것이 바람직하다고 하겠다.

동물병원을 설립하여 아프거나 다친 동물들을 치료하는 동물 전문 의료인이라 할 수 있다. 이들은 현실적으로 발생한 동물의 질병을 진단하고 치료하기 때문에 임상 수의사라고 부르기도 한다.

이들은 병에 걸리거나 불의의 사고로 다친 동물들을 진료하여 그 원인을 찾아내고 가장 효율적인 방법으로 이를 고치거나 교정하여 동물들의 행복하고 건강한 생활을 되찾아준다. 또한 예방주사나 수술을 직접 시술하며 동물 소유주에게 건강하게 동물을 기를 수 있는 방법을 조언해주기도 한다.

수의사 역시 동물들의 정확한 질병 원인을

찾아내기 위하여 병리검사, 방사선검사, 또는 특수 장비 등
인간의 진료에 활용되는 첨단의료장비를 이용하기도 한다.

상황에 따라서 응급처치는 물론, 약제의 처방, 골절의 치료,
외과수술, 분만을 도와주는 일 등 사람들의 의료 진료서비스와
유사한 의료서비스를 제공하고 있다.

실제 업무에 있어서 수의사와 의사는 공통된 영역을 많이
가지고 있기 때문에 학술이나 정책적 측면에 있어서 공동 작업 및
연구가 빈번하게 행하여지고 있다.

현재 대한수의사회 집계에 의하면 전체 수의사의 45.3%가
임상의로서 활약하고 있다. 이들 중 83%는 주로 개와 고양이
등의 반려동물을 다루고 있으며, 11%는 소, 말, 돼지, 가금 등
산업동물을 다루고 있으며 6%는 야생동물, 수생동물 등을
다루고 있다.

또한 한국동물병원협회에서는 이와 같은 임상 수의사의
역할에 대해 다음 장에 나와있는 내용과 같이 규정하고 있다.
한국에서 동물병원을 개업한 수의사라면 다음과 같은 사회적
역할과 고객 서비스를 최소한의 업무수칙으로 삼아야 하며,
동물의 건강 증진을 위한 의료서비스를 지속적으로 연구, 개발해
나가야 한다.

수의사 자격이 없어도 동물 진료를 할 수 있는 경우

- 자기가 기르는 동물에 대한 진료행위
- 사고 등으로 다친 동물을 구조하기 위한 응급처치 행위
- 법령으로 정한 산간도서벽지에서 이웃 축산농가의 동물에 대해 다른
  축산농가가 비업무적으로 행하는 무상 진료 행위

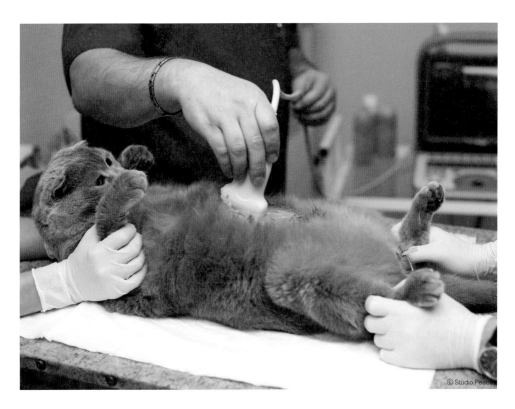

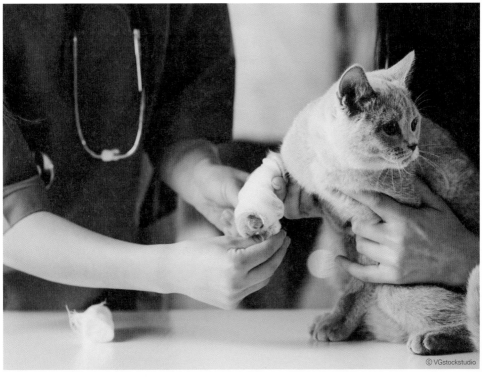

수의사의 사회적 역할

1. 사회에서의 수의사의 전문적 역할
   - 동물의 고통을 경감시키고 예방하는 것
   - 동물의 건강과 복지를 유지하며 증가시키는 것
   - 동물의 이익을 위해서 수의학 서비스를 준비하는 것과 수의학의 발전을 촉진하는 것

2. 전문인으로서의 품행
   - 수의사는 동물복지와 동물의 고통을 경감시켜야할 특별한 사명이 있다. 수의사는 권장 강령과 동물복지 측정을 위한 최소한의 표준 및 야생동물 및 멸종 위기의 종을 보호하는 법률, 학대 및 질병 예방을 위한 대책과 법률에 정통해야 한다. 그리고 가능한 한 다른 사람들도 그렇게 할 수 있도록 격려해야 한다.
   - 수의사는 고객과 일반 대중을 존경심, 이해심 및 예의를 갖추고 대해야 한다.
   - 수의사는 수의사라는 명성을 유지하고 향상시키는 방식으로 처신을 해야 한다.
   - 수의사는 동료들을 항상 존경하고 동료수의사들이 환자와 고객에 이롭도록 정보를 자유로이 교환하는 환경을 만들어야 한다.
   - 수의사는 직업적으로 영향을 미치는 모든 법과 규칙 및 강령들에 정통하고 준수해야하며 가능한 한 다른 수의사들이 이를 지킬 수 있도록 해야 한다.
   - 수의사는 수의학적 문제에 대해 잘 알아야한다. 현대적 지식 및 기술에 뒤떨어지지 않도록 노력해야 하며 이런 전문지식, 경험 및 판단력을 지역사회에 제공할 책임이 있다.

동물복지를 위한 수의사의 역할

1. 수의사는 동물복지에 대해 특별한 책임이 있다.
   ▪ 수의사는 동물에 대한 잔인하고 비인도적이고 창피스러운 처리에 참가해서도 묵인하거나 용서해서도 안 된다.

2. 수의사는 동물과 관련한 어떠한 절차라도 복지와 관련해서 생각해야 하며 고통을 최소화하도록 행동하거나 권해야한다.

3. 동물을 취급할 때는 스트레스를 최소해서 보살펴야한다. 수의사는 환경이 허락하는 한 부드럽고 조용하고 안전하게 동물을 취급하도록 모범적으로 사람들을 격려해야한다.

4. 수의사는 구입한 야생동물이나 가축을 신중히 관리하도록 격려해야 한다.

5. 응급 상황 시 수의사는 이용 가능한 자원의 범위 내에서 아프거나 부상당한 동물을 도와야한다.

6. 동물 진료
   ▪ 진료 시 수의사는 고객에게 질병에 대비한 적절한 예방조치를 권하고 적합한 관리 및 치료에 임할 책임이 있다. 조언할 때 가장 중요하게 고려해야하는 것은 환자의 복지이다. 비록 수반하는 조치가 고객의 상업적, 경제적, 정서적 혹은 다른 이해관계에 의해 영향을 받는다하더라도 수의사는 학대행위를 허락하거나 용서하지 않도록 주의해야 한다.
   ▪ 단순한 성형을 이유로 외과적 조치를 수행하는 것은 비난받을 짓이다.
   ▪ 수의사는 자신이 돌보는 동물에 대해서 통증관리를 적절히 수행해야한다.
   ▪ 동물의 안락사는 인도적인 방법으로 수행해야한다. 안락사 수행여부를 결정할 때 동물의 복지 및 이해관계를 주의해서 고려해야 한다.
   ▪ 모든 임상 수의 혹은 다른 수의학적 서비스는 급박하고 응급한 경우를 위해 충분하고 적절한 수의학적 대처를 할 수 있도록 항상 준비를 해야 한다. 완전한 서비스를 이용할 수 없다면 수의사는 응급 한 환자를 그런 서비스를 제공하는 근처의 병원으로 보내야 한다. 후송병원은 반드시 그 환자의 결과를 보내준 병원에 통보를 해야 한다.

　　동물을 진료하고 치료하기 위해서는 동물병원을 반드시
설립해야 하지, 수의사 면허증이 있다고 동물병원을 설립하지
않은 채로 진료행위를 할 수 없다. 만일 동물병원을 설립하지
않고 수의사가 동물진료를 한다면 처벌을 받는다.
　　동물병원을 설립하여 동물 진료행위를 하려면 다음과 같은
자격이 있는 사람이 동물병원 시설 기준에 맞추어 병원을 꾸미고
서류를 구비하여 관할 소재지 시장, 군수 또는 구청장에게
신고하여야 한다.

〈동물병원 설립 자격자〉
- 수의사
- 국가 또는 지방자치단체
- 동물진료업을 목적으로 설립된 법인(동물진료법인)
- 수의학을 전공하는 대학(수의학과가 설치된 대학도 포함)
- 민법이나 특별법에 따라 설립된 비영리법인(농축협,
  가축위생방역지원본부)

〈동물병원 시설 기준〉
- 설립자가 수의사인 동물병원 : 진료실·처치실·조제실, 그
  밖의 시설
- 설립자가 수의사가 아닌 동물병원
  : 진료실·처치실·조제실·임상병리검사실, 그 밖에
  청결유지와 위생관리에 필요한 시설

- 진료실 : 진료대 등 동물의 진료에 필요한 기구·장비를 갖출 것

- 처치실 : 동물에 대한 치료 또는 수술을 하는 데 필요한 진료용 무영조명 등, 소독장비 등 기구·장비를 갖출 것

- 조제실 : 약제기구 등을 갖추고, 다른 장소와 구획되도록 할 것

- 그 밖의 시설 : 병원의 청결유지와 위생관리에 필요한 수도시설 및 장비를 갖출 것

동물의 질병에 대한 진찰과 치료를 주 업무로 하는 임상 수의사가 하는 일은 대략 다음과 같다.

- 병력 조사 : 이전에 어떤 질병에 걸렸는지 그리고 어떻게 치료했는지에 대한 조사
- 문진과 촉진 : 동물 주인에게 어디가 어떻게 아픈지 물어보고 관찰하며 손으로 만져서 동물이 어떻게 반응하는지를 보고 원인에 대한 진단을 함
- X-ray나 초음파 검사
- 소화기나 호흡기 질병 진단 치료
- 근골격계 질병 진료 치료
- 순환기 질병 및 조혈기 질병 진단 치료
- 내분비계 질병 및 대사성 질병 진찰 및 치료
- 비뇨·생식기 질병 진단 및 치료
- 유방 질병 진단 및 치료
- 각종 예방 접종
- 동물 분만 관련 처치
- 외과 수술 치료
- 진단서 및 처방전 발급

© Jaromir Chalabala

수의사 연수교육

  수의사는 대한수의사회에서 실시하는 연수교육을 매년 10시간 이상 받아야 한다. 이 경우 10시간 이상의 연수교육에는 수의사회장이 지정하는 교육과목에 대해 5시간 이상의 연수교육을 포함한다.

  연수교육은 지역의 수의사회가 실시하며 내용은 매회 수시로 바뀌며 지역에 따라 교육 내용이 다르다.

〈교육내용 예시〉
- 수의사 처방제에 대한 교육
- 산업동물 질병 진단과 병성 감정
- 가축 방역시책
- 수액요법의 이해
- 노령견의 안전한 마취법
- 소동물 안과검사법의 실제
- 반려동물의 응급처치
- 동물병원 세무관리

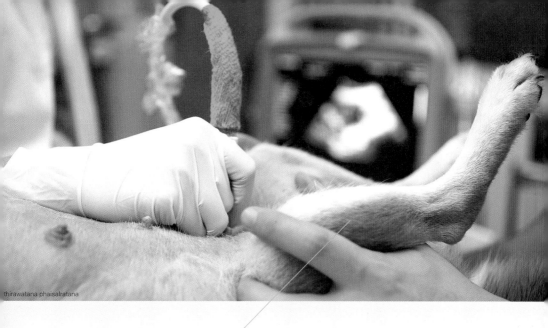
thirawatana phaisalratana

전국 동물병원 현황(2020년 통계 기준)

　전국 동물병원은 총 4,604개이며 그 중 반려동물병원이
3,567개로 가장 많고 농장동물병원은 765개이고 혼합진료
동물병원이 272개로 조사되었다.
　서울시에는 총 860개의 동물병원이 있는데 그 중 850개가
반려동물병원이며 경기도에는 반려동물병원 934개,
농장동물병원 129개, 혼합진료동물병원 38개, 부산광역시에는
반려동물병원 240개, 농장동물병원 3개가 있다. 대구광역시에는
반려동물병원 165개, 농장동물병원 5개가 있고, 경북에는
반려동물병원 86개, 농장동물병원 139개, 혼합진료동물병원
86개로, 충남은 반려동물병원 69개, 농장동물병원 117개,
혼합진료동물병원 41개가 있는 것으로 나타났다.
　이를 보면 대도시는 반려동물병원 중심이고 지방은
농장동물병원 중심으로 운영되고 있음을 알 수 있다.

동물병원을 설립하여 운영하는 수의사 또는 동물병원에 취직하여 근무하는 수의사 중에서 시장이나 군수가 관할 지역 내에 있는 동물들의 전염병 등의 예방을 위하여 행정적 차원에서 동물 진료를 위촉한 수의사를 '공수의'라고 한다.

공수의가 하는 일은 다음과 같다.

- 동물의 진료
- 동물 질병의 조사·연구
- 동물 전염병의 예찰 및 예방
- 동물의 건강진단

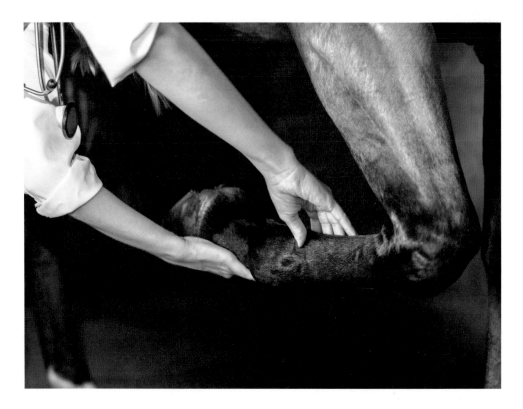

- 동물의 건강증진과 환경위생 관리
- 그 밖에 동물의 진료에 관하여 시장·군수가 지시하는 사항

　공수의는 자신이 위촉 받아 하는 업무에 관하여 매월 그
추진결과를 다음 달 10일까지 배치지역을 관할하는
시장·군수에게 보고하여야 하며, 시장·군수(특별자치시장과
특별자치도지사는 제외)는 그 내용을 종합하여 매 분기가 끝나는
달의 다음 달 10일까지 특별시장·광역시장 또는 도지사에게
보고하여야 한다. 다만, 전염병 발생 및 공중위생상 긴급한
사항은 즉시 보고하여야 한다.
　시장·군수는 공수의에게 수당과 여비를 지급한다.
특별시장·광역시장·도지사 또는 특별자치도지사·특별자치시장
수당과 여비의 일부를 부담할 수 있다.

© Nikola Vukovic

참고사항

농림축산식품부장관, 시·도지사 또는 시장·군수는 동물 진료 시책을 위하여 필요하다고 인정할 때 또는 공중위생상 중대한 위해가 발생하거나 발생할 우려가 있다고 인정할 때에는 대통령령으로 정하는 바에 따라 수의사 또는 동물병원에 대하여 필요한 지도와 명령을 할 수 있다. 이 경우 수의사 또는 동물병원의 시설·장비 등이 필요한 때에는 농림축산식품부령으로 정하는 바에 따라 그 비용을 지급하여야 한다.

비용의 지급 기준

1. 수의사에 대한 비용의 지급기준은 다음 각 목의 구분에 따른다.
   가. 주간근로인 경우:「공무원보수규정」 별표 33 제3호 나목 전문계약직공무원의 다급 상한액을 기준으로 동원된 기간만큼 일할 계산한 금액(1일 8시간 근로기준)
   나. 야간·휴일 또는 연장근로인 경우 : 가목에 따른 금액에 「근로기준법」 제56조에 따른 가산금을 더한 금액이다. 여비 지급이 필요한 경우:「공무원 여비 규정」 제30조에 따른 여비

2. 시설·장비에 대한 비용의 지급기준은 다음 각 목의 구분에 따른다.
   가. 소모품의 경우 : 구입가 또는 지도·명령 당시 해당 물건에 대한 평가액 중 작은 금액
   나. 그 밖의 장비의 경우 : 장비의 통상 1회당 사용료에 사용 횟수를 곱하여 산정한 금액 또는 동원된 기간 동안의 감가상각비 중 작은 금액

　수의사 면허를 가지고 수의직 공무원 채용시험에 합격하면
공무원이 될 수 있다.

　물론 수의직 이외에 일반 농업직이나 환경직 또는 연구직
공무원으로도 진출할 수 있다. 하지만 대다수의 경우에 수의직
공무원으로 진출하고 있기에 여기서는 수의직 공무원에 대하여
설명하기로 한다.

　수의직 공무원은 국가직과 지방직이 있는데 국가공무원이
되면 주로 농림축산식품부, 농림축산검역본부, 식품의약안전처
등에 근무하며 지방공무원이 되면 지방자치단체의 농업
관련과에 근무하게 된다.

　이렇게 공무원이 된 수의사는 기본적으로 가축들 사이에, 또는

▲ 차량소독 하고 있는 수의직공무원의 모습

가축과 사람 간의 질병의 전염에 대하여 연구하고 이에 대한 예방
대책을 마련하며 유사시 피해를 최소화하기 위한 업무를
담당하고 있다.

또한 축산업의 중심이 되는 닭·소·돼지 등을 '산업동물'이라고
하는데, 수의직 공무원들은 도축한 산업동물이 위생적 유통
과정을 거치는지 여부를 살피고 감시한다.

구제역, 조류인플루엔자 등의 악성 가축전염병의
방역에서부터 축산 식품의 안전성 확보를 위한 검사와 해외에서
유입되는 모든 동물과 축산 식품에 대한 검역 또한 수의사들이
담당하고 있다.

공중보건 분야에서 수의사의 역할에 대해 WHO가 공동으로
구성하고 있는 기구인 수의공중보건 전문위원회의 고지 내용은
다음과 같다. 우선 동물의 질병이 인간의 건강과 복지향상에
관계가 있으며 이는 순수한 수의사의 영역이다. 이들 활동은
수의사의 특질을 유감없이 반영시킬 수 있으며, 일반
보건위생관계 부처 내에 수의공중보건 부문이 존재할 수 있는
기초가 되는 이유이다.

© 대한수의사회

▲ 젖소 직장검사 중인 모습

이들은 인수공통전염병(동물과 인간 상호간에 전염이 되는 질병),
특히 그 진단, 감시 및 방역 활동을 하며, 사람과 동물에
공통적으로 관여되는 환경 또는 다른 영향인지도 모르는 동물의
비전염병의 역학에 관한 비교 연구를 한다. 또한 동물성 식품의
생산, 가공, 판매에 관한 위생관리와 공중보건에 관계되는
시험연구기관에서 사용되고 있는 실험동물에 관한 감독도
하는데 결국 인간의 건강하고 안전한 생활을 위하여 노력한다고
할 수 있다.

수의직 공무원은 이런 모든 업무에 관계하는 국가 또는
지방공무원이다.

국가공무원과 지방공무원 간의 신분적 차이나 급여의 차이가
없으며 단지 맡은 직책에 따라 하는 일이나 지급되는 수당이 다를
수는 있다.

공중보건 업무란?

WHO의 정의에 의하면 환
경위생의 개선, 전염병의
예방, 개인위생의 원리에
기초를 둔 위생교육, 질병
의 조기진단과 예방적 치료
를 위한 의료 및 간호 업무
의 조직화, 나아가서는 지
역사회의 모든 주민이 건강
을 유지하기에 충분한 생활
수준을 보장하는 사회기구
의 발전을 겨냥하고 행하여
지는 지역사회의 노력을 통
해서 질병을 예방하고, 생
명을 연장하며, 건강과 인
간의 능률을 올리는 역할에
관한 일을 말한다.

　근무하는 부서에 따라 담당 업무가 다르지만 수의직 공무원이
하는 일은 대략 다음과 같다.

- 농축산물 위생 및 안전 관리 업무
- 축산물 위생 관리법 운영에 관한 사항
- 농축수산물의 사건과 사고 처리
- 농축수산물 안전성 조사, 수거 및 검사에 관한 사항
- 축산물 위해요소 중점 관리 기준(HACCP)제도 운영
- 농축수산물 관련 위생 감시 및 단속에 관한 사항
- 수출입 축산물의 위생 및 안전관리 정책 수립 조정
- 축수산물 수입 위험 평가 분석
- 수입 축수산물 위생 및 안전 실태조사
- 축산물 유통 업무
- 가축 개량 정책 업무
- KAHIS(국가동물방역통합시스템) 운영
- 양돈, 양봉 및 한우 관련 업무
- 가축 방역 및 가축 질병 관리 업무
- 동물 위생 연구
- 동물 및 축산물 위생검역에 관한 일
- 국경 검역 및 수출입 동물·가축 질병 예방
- 돼지 열병, 세균성 및 바이러스 질병 연구
- 구제역 예방, 역학 조사 및 방역 등 관련 업무
- 동물보호
- 동물약품 평가 및 관리

HACCP

`해썹´ 또는 `해십´ 이라 부르며
우리나라에서는 1995년 12월에
도입하면서 식품위생법에서 `식
품위해요소 중점관리기준´ 이라
고 부르고 있다.

HACCP은 최종 제품을 검사하
여 안전성을 확보하는 개념이 아
니라 식품의 생산 유통과 소비의
전 과정에 관여해 지속적으로 관
리하는 등 제품 또는 식품의 안전
성을 확보하고 보증하는 예방의
개념이다.

따라서 HACCP은 식중독을 예
방하기 위한 감시활동이자 식품
의 안전성, 건전성 및 품질을 확
보하기 위한 계획적 관리시스템
이라 할 수 있다.

▲ 인천국제공항에서 불법축산물 수색하고 있는 모습

국경 검역

국경 검역은 해외악성전염병의 국내유입을 차단하기 위해 구제역 위험지역 운항노선 출입국자 집중관리, 육류불법 반입자 범칙금 처분, 검역탐지견 발판 소독조 운영 등 유입경로별로 국경검역 활동을 강화하고 외국동향을 신속히 파악해 검역기준을 국제기준과 맞춰 해외 가축전염병의 국내유입을 원천적으로 차단하는 업무이다.

전염성이 높은 해외 가축전염병의 국내유입을 막기 위해 외국에서부터 우리나라로 수입되는 동물 즉 대 · 중 · 소 가축, 애완동물, 어패류, 야생동물, 맹수, 벌 등의 경우 농림축산검역본부에서 일정기간 격리 및 계류하면서 동물이 전염병에 걸려 있는지를 검사받고 있다.
동물 검역, 가축방역, 공중 보건 등의 공적 수의 업무의 경우에는 수의직 공무원으로 임용되어 업무에 종사하게 된다. 항만이나 공항에서 검역 업무를 맡는 수의사도 있다.

검역기간 중에는 임상검사, 혈청화학적 검사, 미생물학적 검사 등 여러 가지 검사를 수행하고 질병의 유무를 조사하여 가축방역관과 수의사가 실험실 검사를 바탕으로 수입된 동물의 입국을 결정한다. 동물검역의 대상이 되는 것은 살아있는 것만이 아니라 고기류, 계란류, 가죽, 녹용, 털, 꿀 등 축산물도 검역이 필요하다. 수입모피에 대 해서도 가축방역관의 검사는 이루어진다. 또한 국내에서 생산한 모든 축산물도 해외에 수출할 경우에도 검역을 받고 있다.

　　시와 군 단위의 가축방역관으로 근무하는 공무원들의 주된
업무가 바로 가축 전염병에 관련된 일들이다. 가축의 질병을
발견하고, 예찰을 통해 의사가축전염병이 발생하면 감정을
의뢰하고 이것이 전염병으로 판정될 경우 이동 통제를 비롯한
긴급 방역조치를 수행한다. 또 가축 방역 책임자로서 양축농가와
지역의 개업수의사, 축협, 양돈 협회 등의 생산자 단체와 축산물
작업장에 이르기까지 축산 관련 산업체의 협조와 모니터링을
받는 등 활발하게 자료를 분석하고 수집하는 역할을 수행한다.
이들은 가축위생 시험연구기관에 확인검사를 의뢰하는 등
수의보건 업무에 있어 무척 중요한 역할을 담당하고 있다.

　　이러한 가축 전염병에 대한 업무 이외에 축산과 관련된 일도
하고 있다. 이를 수의 축산이라고 하는데 수의학을 축산에
응용하는 일이다.

　　수의학은 포유동물 및 조류(소, 돼지, 말, 염소, 닭, 오리 등) 등의
산업동물로부터 실험동물(마우스 및 랫드, 기니픽, 토끼, 햄스터, 개,
영장류 등), 반려동물(개와 고양이 등), 수생동물(해산어패류 및
민물어패류), 야생동물(각종 포유류는 물론 양서류와 파충류, 조류) 및
양봉 등의 곤충에 이르기까지 모든 동물에 대한 질병 예방과
치료를 담당하며 나아가서 인간과 동물의 관계 속에서 관련
동물을 대상으로 연구하는 전문 의료과학이라고 할 수 있다.

　　그러나 수의학은 여기에서 더 나아가 이러한 수의학적 지식을
축산 분야의 생산성 향상에 활용하고 있다.

　　최근까지만 해도 낙농가에서 수의사들의 역할은 진료 요청을
받고 목장을 방문해 질병을 치료하는 소극적인 역할을
담당해왔지만, 근래에는 질병 후 치료가 아닌 예방에 목적을 두고
지속적이고 정기적인 방문을 통해 축산업을 위생적으로
관리해야 한다는 움직임이 일고 있다.

　　또 양계 농장 등에서의 수의사의 역할도 질병을 예방하는
측면에서 강조되고 있다.

▲▼ 젖소 진료를 하고 있는 수의직공무원의 모습

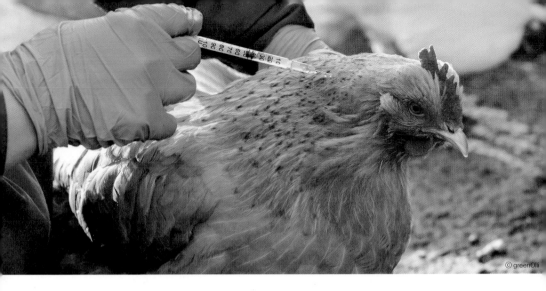

© greenOlli

    양계수의사는 개체 진료보다는 농장 전체에 대한 방역
프로그램을 꾸리고, 이를 수행하기 위한 수단 및 기술을
제공한다.

    사실 수 천, 수 만 마리를 사양하는 대형 양계장이나
양돈장에서는 가장 심각한 것이 전염병에 의한 가축의 폐사이다.
현재는 수의사의 연구와 노력으로 인해 도중 폐사되지 않고 육성
되는 율이 점점 높아가고 있다. 건전한 위생관리를 위해 수의사가
적극적으로 계몽하고 예방하고 있는 덕분이다. 또한 최첨단
생명공학 기법의 축산 현장 적용을 통한 축산업 중흥에 이바지
하고 있다.

    다음은 수의직 지방공무원이 하는 일의 내용을 예시적으로
기록한 것이다

- ■ 종축 배부 및 개량 업무에 관한 사항
- ■ 한(육)우 경쟁력제고 사업
- ■ 가축 질병 진료 및 죽은 가축의 검안
- ■ 축산재해 예방대책 수립 복구
- ■ 양돈 경쟁력 제고 사업
- ■ 가축 인공수정 및 정액 처리 업무
- ■ 가축계열화 사업 업무추진
- ■ 가축 방역 대책 및 위기 메뉴얼 운영

- 가축 방역 및 축산물 위생검사 위·수탁업
- 농가 가축 방역 및 시책 교육
- 악성전염병 차단계획 수립·집행
- AI 등 가축 방역업무 추진
- 축산물작업장 HACCP 조사·확인 평가
- 동물병원 및 공수의 업무 지도·관리
- 동물약사 감시 및 동물약품 수거검사
- 가축 질병 컨설팅 지원
- HACCP 지도·지원 사업 추진
- 구제역, 결핵 및 브루셀라병 방역대책 추진
- 가축방역협의회 운영
- 광우병 등 TSE 방역 대책 추진
- 국비 가축예방주사 사업 추진(16종)
- 가축 매몰지 사후관리
- 가축 질병 예찰 및 임상관찰 실적 관리
- 가축 전염병 살처분 업무 지원
- 종계장·부화장 방역관리 및 점검
- 닭 뉴캣슬병 근절 사업 추진
- 축산식품을 비롯한 각종 식품의 안정성 확보

수의직 공무원 채용시험은 7급 채용시험이 있는데 국가공무원은 행정안전부에서 모집하고 지방공무원은 근무할 지방자치단체에서 선발한다.

그런데 시험 방식에 있어서 2종류가 있는데 하나는 공개경쟁채용시험 방식이고 다른 하나는 경력경쟁채용시험 방식이다.

일반적으로 실시하는 방식이 공개경쟁채용시험인데 이를 줄여서 공채라고 한다. 그러나 공채로 모집하는 것이 적당하지 않은 경우나 특별한 경력이나 자격이 요구되는 경우에는 경력경쟁채용시험(줄여서 경채라고도 함)을 치르기도 한다.

수의직 공무원의 경우 최근에는 경력경쟁채용시험이 많이 이루어진다.

공채와 경채는 시험 과목이나 방법이 다르기 때문에 유의하여야 한다.

〈응시 자격〉

- 수의사 면허증을 소지한 자
- 만 20세 이상인 자

〈시험 과목과 방법〉

1. 7급 공채
- 1차 시험(선택형) : 국어(한문 포함), 영어, 한국사
- 2차 시험(선택형) : 생물학개론, 수의보건학, 수의전염병학, 수의병리학
- 3차 시험 : 면접
※ 1차와 2차 시험을 동시에 실시하기도 함

2. 7급 경채

- 1차 시험(선택형) : 수의미생물학
- 2차 시험(선택형)
  - 필수 : 수의보건학
  - 선택 : 수의전염병학, 수의생리학, 수의병리학,
    수의약리학, 수의기생충학 중 택 1
- 3차 시험 : 면접
  ※ 1차와 2차 시험을 동시에 실시하기도 함.

〈시험 시기 및 선발 인원〉

- 결원이 생기거나 필요할 경우 부정기적으로 선발함.
  ※ 공무원에 관해서는 '나의 직업 공무원' 편에 자세히
  수록되어 있으니 참고 바람.

〈수의사 공무원 현황〉

	수의직	수의연구직	기타직	공중방역 수의사
총 합	1,266명	304명	184명	502명
국가직	377명	128명	94명	–
지방직	889명	176명	90명	–

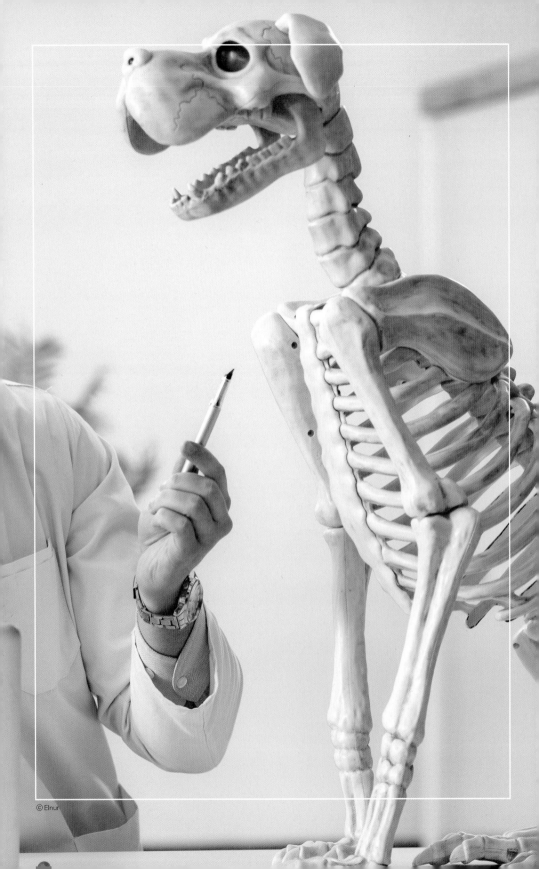

수의학과 대학 교수들은 강의나 세미나를 통하여 학생이나 일반인들 또한 관련 행정가들에게 동물이나 가금과 관련된 과학적 지식을 전달하고 교육한다.

이들의 활동은 일차적으로 볼 때 동물에 한정되어 있는 것처럼 보이지만 실제로는 우리 인간 생활과 아주 밀접한 생태적 연계성을 가지고 있음을 알 수 있다.

즉, 동물의 건강은 인간의 건강한 식생활로 직결되며, 동물의 건강한 생활환경 또한 인간의 삶을 아름답게 만드는 생태환경 조성과 직결된다.

이와 더불어 산업화의 부산물로 사람들이 겪고 있는 심리적 정서적 질병을 자연성을 보유하고 있는 동물들을 통하여 치유할 수 있으며 그 효과 또한 높은 것으로 밝혀짐으로써 동물과 관련된 사람들의 연구는 끊임없이 활발하게 이루어지고 있는 것이다.

대학교수가 되기 위해서는 대학원 박사과정을 졸업하고 박사학위를 가지고 있는 것이 유리하다.

특히 최근에 인간 생활에 있어서 동물에 대한

시각이 새롭게 조명되면서 심리치료, 재활치료 등에 동물의 역할 비중이 높아져 이 분야에 대한 인력 수요가 늘어나고 있다.

또한 이에 발맞추어 대학에 관련학과가 많이 생겨나서 어느 때보다도 대학교수로 일하기가 좋은 상황이다.

이들은 동물과 인간의 상호 관계성 속에서 아주 다양한 학술 및 연구 활동을 하는데 다음의 활동 사례는 그 중의 몇 가지 예에 해당한다.

- 새로운 동물 진료기술 개발 및 가축 생산 기술 향상
- 야생 및 수생 동물의 보전
- 야생동물 진료 및 연구
- 생명과학과 관련한 실험동물에 대한 연구
- 인수공통전염병의 예방 및 환경 보전을 통한 인간의 건강한 생활 구현
- 의약품 개발 및 신물질 개발 등에 대한 생명공학 기술 개발 연구

동물약품 연구

동물약품은 수의학의 응용의학의 한 분야로서 동물 질병의 진단 치료 및 예방에 있어 중요한 역할을 하고 있으며 동물 질병 해결을 위한 필수불가결한 의약의 한 분야로서 연구개발이 이루어지고 있다.

동물백신개발연구원이 되면 백신개발 방법에 대해 주로 연구할 수 있는 기회를 얻는다.

이들은 질병테스트기법 및 진단 키트를 개발하고 그 후 혈청학적인 검사 결과를 토대로 백신의 효능에 대해 평가한다. 질병에 대해서 고객과 상담하고 적합한 백신을 추천한다. 고객을 대상으로 동물백신 사용에 대하여 조언한다.

ⓒ대한수의사회

밀렵도구나 교통사고, 농약중독, 기타 질병 등으로 조난 또는 부상당한 야생동물의 구조 · 치료 및 재활훈련 후 자연생태계 복귀, 야생동물 유전 자원 수집 · 보존 등 야생동물 구호의 효율적 수행을 위한 활동들을 하고 있다.

야생동물생태복원사는 자연생태 관련 법 · 제도와 전문지식 · 숙련기능 을 바탕으로 현장에서 야생동물조사, 복원시공, 감독 등의 복합적인 기 능을 수행한다. 환경오염과 파괴로 인한 자연생태계의 훼손을 줄이기 위 해 환경 친화적 개발, 생태계 복원사업, 환경영향 평가, 생태계 위해성 평가, 전 과정 평가 등을 한다. 야생동식물 서식환경을 모니터링 하여 올 무, 덫 등 불법엽구의 제거, 겨울 먹이주기, 밀렵단속 등 야생동물의 생 태계 보존을 위한 업무도 수행한다.

〈동물관련 4년제 대학 학과〉

  강릉원주대(해양생물공학), 강원대(동물자원과학, 동물응용과학,
동물산업융합학, 수의예과), 건국대(동물자원과학, 축산식품생명공학,
수의예과), 경북대(수의예과, 축산학, 축산생명공학, 말/특수동물학),
경상국립대(동물생명과학, 수의예과, 축산학),
경주대(애완동식물보호학), 고려대(응용동물과학),
공주대(동물자원학, 특수동물학), 군산대(해양생물공학, 해양생명과학),
광주여대(애완동물보건학), 단국대(동물자원학), 대구대(동물자원학),
대구한의대(반려동물보건학), 부경대(자원생물학, 수산생명의학),
부산대(동물생명자원과학), 삼육대(동물과학, 동물생명자원학),
상지대(동물생명공학, 동물자원학), 서울대(식품 · 동물생명공학,
수의예과), 세명대(동물바이오헬스학), 순천대(동물자원과학,
동물생명산업학), 우석대(동물건강관리학), 원광대(반려동물산업학),
전남대(동물자원학, 수의예과), 전북대(동물생명공학, 동물자원과학,
수의예과), 제주대(동물자원과학, 해양생명과학, 수의예과),
제주국제대(애완동물학), 중부대(애완동물학), 중원대(말산업융합학),
충남대(동물자원과학, 수의예과), 충북대(축산학, 수의예과),
한경대(동물생명융합학부), 호서대(동물보건복지학)

〈동물관련 전문대학 학과〉

가톨릭상지대(반려동물과), 경북도립대(축산과),
경인여대(펫토탈케어과), 계명문화대(펫토탈케어과),
대경대(동물사육복지과), 대전과학기술대(애완동물과),
동아보건대(애완동물전공), 동원대(반려동물과),
부산경상대(반려동물보건과), 부산여대(반려동물과),
서라벌대(반려동물과), 서정대(애완동물과), 성운대(말산업학부),
수성대(애완동물관리과), 순천대(동물생명산업학),
신구대(애완동물전공, 바이오동물전공), 연암대(축산산업전공,
낙농한우전공, 양돈양계전공, 스마트축산전공, 동물보호전공,
애완동물전공), 연성대(반려동물과), 원광보건대(애완동물관리과),
우송정보대(애완동물학부), 장안대(바이오동물보호과),
전주기전대학(애완동물관리과), 제주한라대(마사학과,
마산업자원학과), 창원문성대(애완동물관리과),
혜전대(애완동물관리과)

※ 대학 교수와 관련한 정보는 '나의 직업 선생님' 편을 참조할 것

〈수의사 면허를 가진 대학 교수 취업 사례〉

분류	합계	수의대	일반대	전문대
교수	356명	239명	104명	13명

※ 일반대 : 의대 32, 치대6, 한의대3, 약대 5, 보건대6, 간호대1,
농대15, 자연대 15, 해양대1

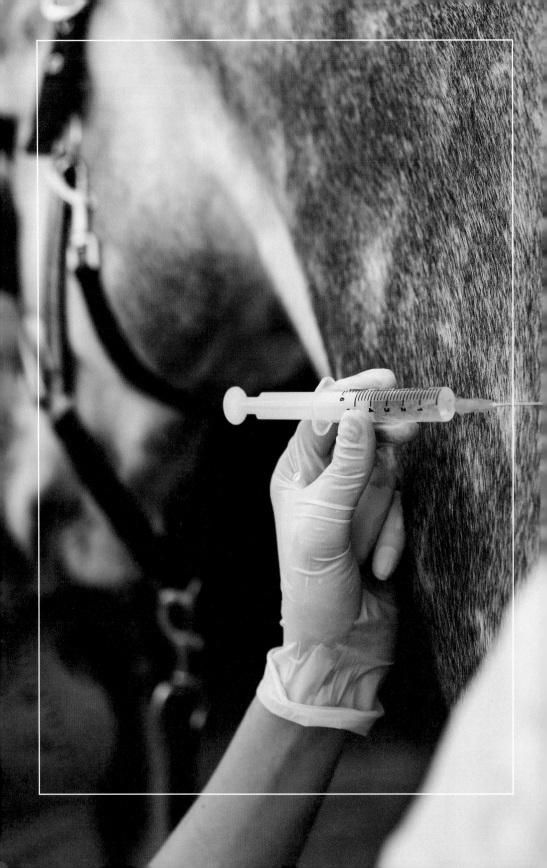

　특수사관인 수의장교는 수의과 대학교에서 1학년으로 재학
중인 사람을 대상으로 수의사관 후보생을 선발한다. 선발기준은
신체등위 점수와 대학수학능력시험의 수리와 외국어 영역 점수,
그리고 수의과 대학 예과 1, 2학년 평균 성적을 합산해 고득점자
순으로 합격자를 정한다. 졸업한 뒤에는 입영해 8주간의 교육을
마치고 현역 수의장교로 임관하며 육군, 공군, 해군, 해병대에서
근무한다.

　수의장교는 군의무복무 기간만 근무하고 제대하는 사람도
있지만 직업군인으로서 장기복무하는 수의장교도 있다.

　군에 근무하고 있는 수의사들은 군의무병과 중의 하나인
수의병과에서 장교로 일하고 있다. 수의장교들이 가장 많이

근무하고 있는 부서는 생물의학 분야의 연구와 개발인데 특히 실험동물의학, 수의병리학, 수의미생물학 또는 이와 연관된 분야에서 특수 훈련을 받은 수의관들은 군이나 정부기관의 각종 연구계획에 참여하고 있다. 수의장교는 국군장병의 건강을 지키는 불침번으로는 물론 정부의 재정적 이익을 보호하기 위하여 식품의 위생, 안전성 및 품질을 관리하는 임무도 수행하고 있다.

수의예방의학이나 공중보건 분야에서도 이들은 인수공통전염병의 예방 및 방제를 담당하고 있으며, 식품유래질병의 전파를 방지하며, 조리시설들의 위생관리 등, 인류의 건강을 보호하기 위하여 수의학의 지식과 기술을 최대로 활용하고 있다. 또 이들 수의장교들은 정부소유가축인 실험동물, 군마, 군견 등에 대한 진료업무를 수행하며, 최신 기술 및 지식을 보급하기 위한 기초과정 및 전문과정의 교육도 수의병과단에서 실시하고 있다.

⟨수의사관후보생 지원 자격⟩

- 수의과대학 본과 1학년에 재학 중인 사람
- 28세까지 소정의 과정(학업)을 마칠 수 있는 사람
- 신체등위 1급~4급에 해당하는 사람
- 장교 임용결격사유에 해당되지 아니한 사람

⟨선발 기준⟩

- 신체 등위 점수 50%
- 대학 수능시험 점수(수리영역 및 외국어) 25%
- 수의예과 1,2학년 성적 평균 25%

〈계급과 복무 기간〉
- 계급 : 중위로 임관하여 대위로 제대
- 복무기간 : 3년

〈급여〉
군인보수법에 따른 본봉 + 수당(가족 수당, 야근수당, 출장수당) + 복리후생비 + 교통비

1. 봉급(본봉) '21년도 기준
   - 1년차 : 중위 1호봉 1,890,200원
   - 2년차 : 중위 2호봉 1,997,500원
   - 3년차 : 중위 3호봉 2,104,800원, 또는 대위 1호봉 2,436,400원

2. 가족수당 : '군인보수법'에 따라 지급
   - 배우자 : 월 40,000원
   - 배우자 이외의 부양가족 : 4명 이내에서 1명 당 월 20,000원

3. 시간외 근무수당 : 공무원수당에관한 규정에 따른 예산의 범위내에서 지급

4. 출장수당 : 군인보수법에 따른 예산 범위내에서 지급

5. 복리후생비(명절휴가비+교통비보조비+가계지원비+급식비+직급보조비+맞춤형복지제도 등)

근무 시간

　수의사면허를 가지고 있는 병역 미필자 중에 수의장교로 가지
못한 사람은 농림축산식품부 소속의 임기제 국가공무원으로
가축방역업무에 종사하는데 이런 수의사를 공중방역수의사라고
한다.
　의무 복무 기간이 3년인데 3년 동안 일을 하고 나면
사회복무요원으로 병역을 마친 것으로 본다.

〈자격 요건〉
　수의사 자격이 있으나 병역을 마치지 아니한 사람 중에서 다음
중 하나에 해당한 자는 공중방역수의사로 임용될 수 있다.

- 수의사 면허증이 있는 사람으로서 수의장교 후보자에서 탈락한 자
- 수의장교 후보자 중에서 현역 임용이 안된 자
- 수의사 면허증이 있는 사람으로서 사회복무요원인 보충역으로 편입된 자

〈신분〉

3년 동안 근무하는 임기제 국가공무원

〈하는 일〉

교육소집 후 공중방역수의사로 임용되면 해당 기관에서 '가축전염병 예방법'과 '축산물 위생관리법'의 규정에 따라 가축방역업무를 수행한다.

이 업무 수행을 위하여 사전에 직무교육을 실시하는데 그 내용은 다음과 같다.

공중방역수의사 직무 교육과정은 가축방역행정과정과 임상실습과정으로 구분된다.

- 가축방역행정과정(2주 이내) : 가축방역정책, 가축방역 관계법령, 가축방역 관련 전문수의학 그 밖의 가축방역행정 및 소양에 관한 과목

- 임상실습과정(6주 이내) : 가축전염병의 예찰·예방 및 진료와 축산물 위생검사에 필요한 기본적인 임상실습. 단 시급한 필요가 있을 때에는 실습 기간을 줄일 수도 있음.

〈급여〉

공중방역수의사는 농림축산식품부 소속의 국가공무원이지만 보수는 군인보수규정에 따라 지급한다.

공중방역수의사 보수 = 봉급 + 가족수당 + 가축방역수당 + 정근수당 + 복리후생비 + 기타수당 및 여비

1. 봉급
   - 1년차 : 중위 1호봉 1,890,200원
   - 2년차 : 중위 2호봉 1,997,500원
   - 3년차 : 중위 3호봉 2,104,800원

2. 가족수당 : '공무원 수당 등에 관한 규정'에 따라 지급
   - 배우자 : 월 40,000원
   - 배우자 이외의 부양가족 : 4명 이내에서 1명 당 월 20,000원

가축방역업무와 가축방역기관

- **가축방역업무**
가축방역기관에서 「가축전염병예방법」 및 「축산물위생관리법」의 규정에 따라 행하는 가축방역 · 동물검역 및 축산물위생관리업무를 말한다.

- **가축방역기관**
대통령령으로 정하는 국가검역 · 검사기관 및 지방자치단체와 지방자치단체에 소속되어 가축방역업무를 수행하는 기관을 말한다.

3. 가축방역수당 : 월 20,000원

4. 정근수당 : 공무원 수당 등에 관한 규정에 따라 예산의 범위
내 지급

5. 복리후생비(명절휴가비+맞춤형복지제도)

6. 기타수당 및 여비
초과근무수당, 특수지근무수당, 여비, 방역활동장려금
: 월40만원~60만원

〈의무 규정〉
　가족수당 : '공무원 수당 등에 관한 규정'에 따라 지급한다.

- 가축방역업무 이외의 업무에 종사할 수 없다.
- 근무시간에 근무지역을 이탈할 수 없다.
- 무단결근 할 경우 7일 이내이면 5배까지 연장 근무를 명할
  수 있지만 8일이 넘으면 공중방역수의사의 신분을 상실하게
  된다.
- 장기입원 또는 요양 등으로 1개월 이상 동안 근무하지
  못했을 경우에는 그 기간만큼 연장 근무를 명할 수 있다.

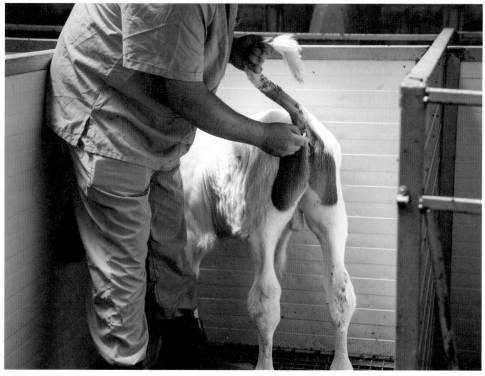

Part Three

Get a Job

대학 수의학과 진학

수의과대학 = 수의예과 2년 + 수의학과 4년

수의사가 되려면 수의과대학의 정규 교육과정을 거쳐야 한다. 수의사국가시험에 응시할 수 있는 최소한의 요건이 바로 수의과대학을 졸업해야 하기 때문이다. 수의사국가시험에 합격하면, 수의사라는 자격을 얻게 된다.

우리나라에 수의학과는 국립대학인 서울대학교, 강원대학교, 경북대학교, 경상대학교, 전남대학교, 전북대학교, 제주대학교, 충남대학교, 충북대학교 9개와 사립대학교인 건국대학교를 합쳐서 총 10개의

수의학과가 있다.

1998년부터 수의학과는 6년의 과정을 거치도록 규정되었으며 예과 1, 2학년과 본과 1, 2, 3, 4 학년으로 나누어 수의학을 배우게 된다. 주로 예과 1, 2학년 때는 수의학과 관련한 교양과목들을 수학하며, 기초과목으로 생물학, 화학 등을 중요하게 다룬다. 주요 전공은 본과 1, 2, 3, 4학년에 진급하여 심화 학습한다.

수의예과는 수의학을 전공할 학생들에게 수의과대학 전공과정에 필요한 과목의 이수를 위해 마련된 2년간의 예비 과정이다. 즉 수의학

과정에 필요한 기초 과학 분야의 과목과 교양 과목을 이수하게 된다. 또한 수의과 의술을 습득하는 목적은 동물에 대한 애정, 인류를 위해 봉사하고자 하는 희망, 생물학적, 의학적 성향, 동물과 사람의 건강 증진을 위한 바람에서 시작되어야 한다. 그러한 점에서 기초과학 분야의 훈련과 더불어 교양 과목의 이수 역시 필수로 행해진다. 수의학과에서는 필수교과목으로 해부학, 조직학, 생화학, 생리학을 배운다.

본과과정인 수의학과에서는 본과에서는 해부학, 생리학, 약리학, 공중보건 등, 동물 병원을 개업하거나 보건이나 생명공학 연구에 필요한 기초과목을 먼저 이수하게 되고, 임상과목(내과, 외과, 산과, 방사선)등을 배우게 된다.

조직학실습, 수의 생리학, 생리학실습, 수의화학, 화학실습, 수의학개론, 수의발생학, 환경위생학, 축산식품학, 수의 약리학, 약리학실습, 수의 독성학, 독성학실습, 수의 미생물학, 미생물학실습, 수의 병리학, 병리학실습, 수의 기생충학, 기생충학실습, 실험동물학, 가축번식학, 수의 면역학, 수의 공중보건학, 공중보건학실습, 수의 전염병학, 수의 방사선학, 방사선학실습, 야생동물질병학, 수의 진단병리학, 가금질병학, 질병학실습, 수의영상진단학, 진단학실습, 수의법규, 어류질병학, 돼지질병학, 돼지질병학실습, 수의 임상병리학, 수의 마취학, 수의 내과학, 내과학실습, 수의 외과학, 외과학실습, 수의 산과학, 산과학실습, 수의피부병학, 응급수의학, 수의 안과학, 말 관리학 등

〈수의과대학에서 배우는 과목 예시〉

1. 예과에서 배우는 교과 내용

일반생물학, 동물비교해부학, 축산학, 생화학, 유기화학, 세포분자생물학, 일반미생물학, 야생동물학, 수학, 물리학, 화학, 기초통계학, 매스컴과 사회, 국어와 매체언어, 생물학실험, 화학실험, 물리실험, 동물유전학개론, 분석화학, 생물통계학, 논리와 비판적 사고, 사회학의 이해, 의학영어 등

2. 본과에서 배우는 교과 내용

수의 해부학, 해부학실습, 수의 조직학,

수의대를 준비한다면

수의학과에 입학하기 위해서는 기본적으로 생명을 다루는 직업이라는 인식 위에 생물, 화학에 대한 기초적인 이해가 바탕이 되어야 한다. 따라서 고교 시절에 이 분야의 공부를 소홀히 하지 않으면서 동시에 대학 강의 수준을 따라갈 수 있도록 영어 공부 역시 열심히 해두어야 한다.

수의학과에 입학하게 되면 필연적으로 동물실험을 마주해야 한다. 수의사는 동물을 공부하는 사람이지만 동시에 동물을 가장 잘 다루어야 하는 사람이다. 따라서 수의사가 되기 위해서는 동물실험에 대한 의연한 마음가짐도 필수적이다. 동물실험은 동물에게 고통을 준다는 인식에서 벗어나 동물의 질병을 치료하고, 선진 기술을 연구 개발해 나가는 최소한의 실습으로 받아들이려는 자세가 중요하다. 수의사의 능력은 곧 동물의 복지와 연결되며, 수의사의 소명의식이 정확한 실험을 통해 더 많은 동물들을 질병으로부터 구원해 인간과 동물이 함께 살 수 있는 사회를 마련해내기 때문이다.

수의학 공부는 인간의 의학공부처럼 생명과 직결된 공부인 만큼 그 범위가 넓고, 깊다. 따라서 수의학과에 입학하기 위해서는 공부하려는 자세가 무엇보다 요구된다. 미국의 경우에는 4년제 대학을 졸업한 뒤에야 수의학과를 진학할 수 있는 자격이 주어질 만큼 수의학에 대해 엄격한 제한을 두면서 수의사를 까다롭게 양성하고 있다. 수의학의 공부가 동물 생명의 존엄성은 물론 인류 보건 위생과 직결되는 중대한 책임을 떠안은 학문이기에 이를 공부하는 사람의 자세도 성실해야 한다는 것을 강조하고 싶다.

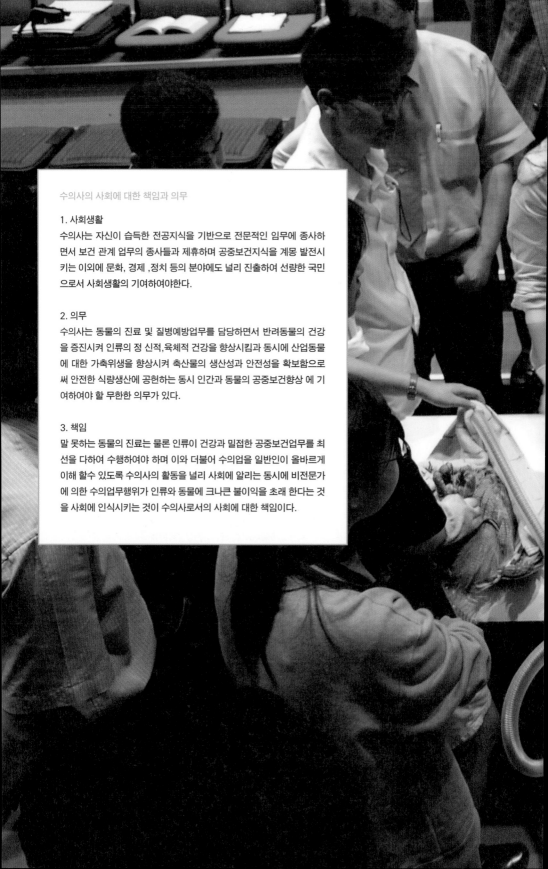

수의사의 사회에 대한 책임과 의무

1. 사회생활
수의사는 자신이 습득한 전공지식을 기반으로 전문적인 임무에 종사하면서 보건 관계 업무의 종사들과 제휴하며 공중보건지식을 계몽 발전시키는 이외에 문화, 경제 ,정치 등의 분야에도 널리 진출하여 선량한 국민으로서 사회생활의 기여하여야한다.

2. 의무
수의사는 동물의 진료 및 질병예방업무를 담당하면서 반려동물의 건강을 증진시켜 인류의 정 신적,육체적 건강을 향상시킴과 동시에 산업동물에 대한 가축위생을 향상시켜 축산물의 생산성과 안전성을 확보함으로써 안전한 식량생산에 공헌하는 동시 인간과 동물의 공중보건향상 에 기여하여야 할 무한한 의무가 있다.

3. 책임
말 못하는 동물의 진료는 물론 인류이 건강과 밀접한 공중보건업무를 최선을 다하여 수행하여야 하며 이와 더불어 수의업을 일반인이 올바르게 이해 할수 있도록 수의사의 활동을 널리 사회에 알리는 동시에 비전문가에 의한 수의업무행위가 인류와 동물에 크나큰 불이익을 초래 한다는 것을 사회에 인식시키는 것이 수의사로서의 사회에 대한 책임이다.

〈주관기관〉

　농림축산검역본부

〈응시 자격〉

- 대학에서 수의학을 전공하고 수의학사 학위를 받은 사람.
- 외국에서 농림축산식품부장관이 정하여 고시하는
  인정기준에 해당하는 학교를 졸업하고 그 국가의 수의사
  면허를 받은 사람

〈시험과목과 내용〉

■ 수의내과학(100문제)

생체의 구조와 기능, 약리작용과 독성작용, 생식과 성숙

■ 예방수의학(100문제)

질병과 병태생리, 병인론, 감염과 예방, 기생충질환, 면역,
공중위생

■ 임상수의학 1,2(130문제)

소화기/호흡기질병, 근골격계질병, 순환/조혈기질병,
내분비/대사성질병, 비뇨/생식기질병, 유방질병, 진찰/진단/
검사, 중독, 치료와 합법증 등 임상진료와 관련된 전반적인
내용

■ 수의법규/축산학(20문제)

수의 관련 법령 및 동물 윤리와 복지, 축산 일반(사육, 육종,
환경, 시설 등)

〈시험 방법〉

필기시험(객관식 5지 선다형)

〈합격점〉

매 과목 만점의 40% 이상, 전 과목 총점의 60% 이상 득점 시
합격

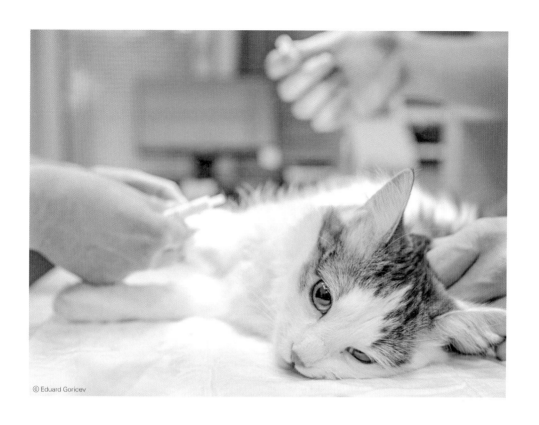

© Eduard Goricev

<수의사 국가시험 합격자 수 및 합격률>

연도	합격자 수	응시자 수	합격률
2015년 (59회)	463명	544명	85.1%
2016년 (60회)	589명	606명	97.2%
2017년 (61회)	569명	592명	96.1%
2018년 (62회)	548명	565명	97%
2019년 (63회)	540명	556명	97.1%
2020년 (64회)	561명	574명	97.7%

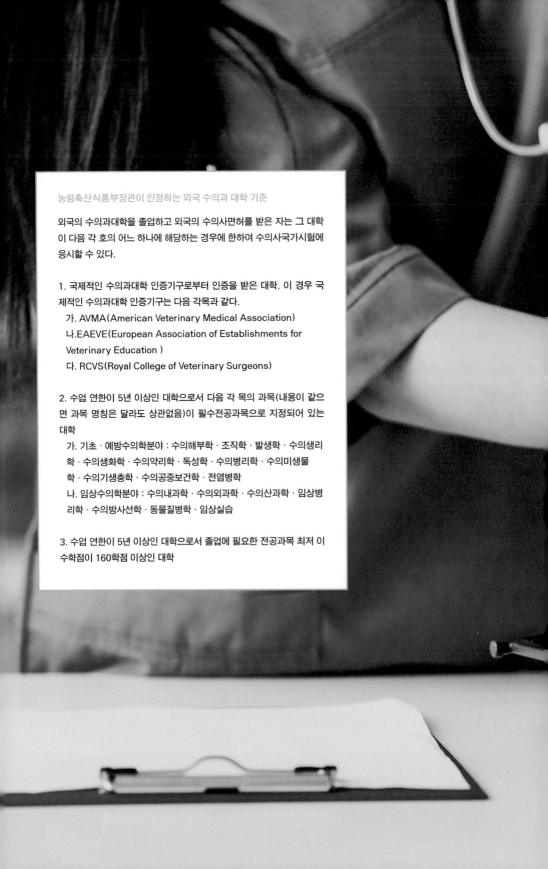

농림축산식품부장관이 인정하는 외국 수의과 대학 기준

외국의 수의과대학을 졸업하고 외국의 수의사면허를 받은 자는 그 대학이 다음 각 호의 어느 하나에 해당하는 경우에 한하여 수의사국가시험에 응시할 수 있다.

1. 국제적인 수의과대학 인증기구로부터 인증을 받은 대학. 이 경우 국제적인 수의과대학 인증기구는 다음 각목과 같다.
　가. AVMA(American Veterinary Medical Association)
　나.EAEVE(European Association of Establishments for Veterinary Education)
　다. RCVS(Royal College of Veterinary Surgeons)

2. 수업 연한이 5년 이상인 대학으로서 다음 각 목의 과목(내용이 같으면 과목 명칭은 달라도 상관없음)이 필수전공과목으로 지정되어 있는 대학
　가. 기초 · 예방수의학분야 : 수의해부학 · 조직학 · 발생학 · 수의생리학 · 수의생화학 · 수의약리학 · 독성학 · 수의병리학 · 수의미생물학 · 수의기생충학 · 수의공중보건학 · 전염병학
　나. 임상수의학분야 : 수의내과학 · 수의외과학 · 수의산과학 · 임상병리학 · 수의방사선학 · 동물질병학 · 임상실습

3. 수업 연한이 5년 이상인 대학으로서 졸업에 필요한 전공과목 최저 이수학점이 160학점 이상인 대학

　　수의사 면허증을 얻고 나면 임상 수의사로서 동물병원에
취직하거나, 동물병원을 개업하는 것이 보편적이다. 그러나
이외에도 동물원이나 마사회 등 동물을 주로 관리하는 기관에
취직해 업무를 이어갈 수도 있다. 또 공중보건과 관련해
식료품가공업체, 유통업체 등에 취업해 수의학과에서 연마한
학문을 실용적으로 활용해볼 수도 있다. 이들 업체는 보통
원재료부터 시작해 가공, 유통, 판매될 때까지 식품의 안정성을
확보하기 위해 수의사를 고용하기 때문에 수의사 면허증을
취득할 경우 안정적으로 활동할 수 있을 것이다.

　　또 동물사료를 개발하는 업체, 제약 회사, 벤처 기업 등에
취업해 동물의 질병을 치료하는 신약을 연구하는 활동을 할 수도
있다. 나아가 농림축산검역본부, 식품의약품안전처,
가축위생시험소 및 각 지방자치단체 등에 공무원으로서
취직한다면 국가공무원 및 지방공무원으로서 동물사회와
인간사회를 연결하는 인재로 활약해볼 수도 있을 것이다.

　　만약 수의연구직으로 진출하고 싶다면, 학사보다는 석사
이상의 학력을 요구하는 곳이 많으므로 대학원 진학도
생각해봐야 한다.

© areetham

© 대한수의사회

동물병원 코디네이터

동물병원에는 오는 병원에 오는 손님, 즉 동물과 그들의 소유주들을 응대하는 코디네이터가 존재한다. 동물병원 코디네이터는 먼저 한국수의간호아카데미 과정(학원)을 수료한 뒤 업체의 협력 병원 등에서 근무할 수 있으며 이후 자유롭게 경력을 쌓아갈 수 있다.

코디네이터의 업무란, 주로 병원 경영과 관계된 업무들이다. 기획, 관리, 개선, 고객 응대 등 의료 관련 부가 서비스를 제공한다.

또 위와 같은 경력을 활용해 펫샵, 애완 호텔, 프리랜서의 애완동물 보모, 동물 유치원을 비롯한 다양한 애완 관련 산업에 종사할 수 있다. 다만 수의사와 같은 전문자격자가 아닌 프로그램 수료생이므로 수의사와는 구별된다.

아카데미 등에서 학습하는 과목들은 수의테크니션, 동물생리학, 동물해부학, 동물행동학, 동물 질병학, 동물병원 관리학 등 이론과 함께 실습이 병행되며 사육사, 조련사 등의 현장 실습도 참여해야 한다.

예전에 우리나라에서 동물간호복지사라는 이름으로 소개된
수의테크니션은 쉽게 말하면 동물병원에서 수의사를 도와서
동물 진료 및 치료를 돕고 수의사의 지시에 따라 아픈 동물들에게
처치를 하는 동물간호사를 말한다.

그런데 우리나라에서는 간호사라는 용어를 함부로 사용하지
못하도록 하기 때문에 간호복지사니 수의테크니션이니 해왔다.

그동안 우리나라에는 정착되지 않은 자격제도인데 외국에는
엄연한 직업으로 자리잡고 있다. 현재 미국의 일부 주에서는
간호사처럼 면허제도를 실시하고 있다.

반려동물을 키우는 가정들이 급격하게 늘어나고 동시에
동물병원도 하루가 다르게 많아지고 있는 현실 때문인지
우리나라도 2022년부터 수의사의 진료를 보조하는 동물보건사
자격시험이 처음 실시된다.

이들이 하는 일은 다음과 같다.

- 동물병원에서 아픈 동물에 대한 수의사의 진료를 돕고, 이에
  따르는 여러 가지 검사와 조사를 하여 수의사의 진단과
  치료활동의 효율성을 높인다.
- 수의사가 처방한 약물과 처치를 실시하고 동물들의 상태를
  수의사에게 보고하며 검사와 처치한 상황을 기록 보관한다.
- 동물들의 진료 예약을 받으며 동물 소유주에게 다양한
  컨설팅을 한다.
- 동물의 건강관리에 필요한 일반적인 지침에 대하여
  조언한다.
- 동물진료에 필요한 의료장비를 관리하고 소독하며
  동물병원에 필요한 물품을 관리한다.

반려동물 미용사(애견미용사)

　병원이나 펫샵에서 근무하는 애완동물 미용사는 동물의
청결과 미용을 담당한다. 이들은 직접 고객과 상담을 거쳐 원하는
방향을 수용해 그들의 애완동물의 털을 자르거나 모양을 내준다.
염색이나 장식 등의 미용 능력이 필요할 때도 있다. 또 미용을
통해 털과 피부의 상태를 살펴 건강 상태를 파악할 수 있어야
하며 반려동물의 청결을 위해 털을 다듬고 빗질하거나 목욕, 귀
청소, 눈, 귀, 발톱 손질 등을 하는 데 있어 거부감이 없어야 한다.
위와 같은 전반적인 미용 서비스를 그루밍이라고 칭한다.

　또한 반려동물의 미용을 위해 털을 깎고, 발바닥, 발등, 항문
주위, 배 주위의 털을 뽑거나 짧게 깎아 주는 전신미용 작업을
한다. 미용기구를 정돈하고 작업장을 정리하며 정기적으로
반려동물의 미용 일을 고객에게 체크해 주는 사후 관리업무도
한다. 동물의 특색에 맞게 미용을 해줄 수 있는 눈썰미와 미적
감각이 요구된다. 동물에 대한 애정이 있어야 하며, 장시간 서서
근무하거나 사납거나 덩치 큰 동물들을 다뤄야 하기 때문에
강인한 체력과 인내심이 필요하다.

애니멀커뮤니케이터

반려동물에 대한 관심이 급증하면서 동물을 단순히 양육하는 것에서 벗어나 이들과 직접적으로 소통하고 싶어 하는 사람들도 증가하였다. 애니멀커뮤니케이터는 이와 같은 사람들의 욕망을 실현해주는 사람들이다. 이들은 동물과 텔레파시를 통해 동물의 생각을 읽어내고, 문제점을 파악해 전달하는 등 동물과의 대화와 소통을 주로 담당한다.

이들의 전문성에 대해서는 아직까지 이야기가 분분하나, 중요한 것은 동물도 생각과 마음을 지닌 생명체로서 인간과 교감할 수 있다는 전제를 받아들이고 동물과 교감을 시도한다는 점이다. 애니멀커뮤니케이터는 미국에서 시작해 일본에 전파되어 현재 한국에도 다수의 직업인들이 존재한다. 그러나 여전히 국내에서는 반려동물을 키우는 사람들조차 생소해 하는 직업일 정도로 아직까지 필요한 자격면허나 관련 기술을 훈련하는 교육기관도 전무한 실정이다.

주로 집을 나간 동물을 찾거나, 갑자기 변화한 행동으로 곤란함을 겪고 있는 동물들을 찾아가 마음을 읽어내고 고민을 해결해주는 활동을 하고 있다.

애니멀커뮤니케이터를 심령술사나 초능력자로 오해하는 경우도 있지만, 사실은 동물들의 행동과 표정 등을 잘 읽어 그들의 사회적 신호를 활용하는 수준에서 출발한 일종의 심리 상담가라고 보는 것이 옳다.

영국 최초의 애니멀커뮤니케이터인 피 호슬리는 "애니멀커뮤니케이션은 특별한 사람들의 재능이 아니며, 사람들이 동물과의 대화가 불가능하다고 생각하는 것은 그렇게 길들여져 왔기 때문"이라고 말한바 있다. 동물과는 인간의 언어로 말할 수 없으니 "너희들과는 대화가 통하지 않아."라고 단정하고 직감을 무시하도록 길들여졌다는 의견이다.

그러나 많은 애니멀 커뮤니케이터가 그러한 것처럼 사람도 직감에 귀 기울인다면 누구든지 동물과 교감을 할 수 있다. 즉,

동물과 교감을 하기 위해서는 이성적이고, 인간사회에 길들여진
모든 규칙 대신 본능적이고 직관적인 감각을 극대화해야 한다는
것이다.

　어떤 언어이든지 유창하게 말하기 위해서는 거듭되는 노력이
필요한 것처럼, 동물의 언어로 소통하기 위해서도 역시 많은
연습과 노력이 필요하지만 그 이전에 열린 마음으로 동물과
대화할 수 있다는 사실을 받아들이는 순서가 필요하다.

동물 변호사

동물변호사라는 직업은 국내에서는 생소한 직업이다. 늘어나는 애완동물의 수만큼 그들의 복지와 권익을 위해 앞장서려는 노력으로 이들 직업이 각광 받고 있지만, 동물 보호에 대한 인식이 아직까지 미비한 수준인 국내에서는 전문가 활약할 만큼 일반적인 직업은 아니다.

동물 변호사들은 주로 미국 등 동물 애호와 보호에 대한 역사가 오래된 국가들에서 활발하게 활동하고 있다. 이들은 반려동물과 관련해 법정에 제출해야 하는 증거물들을 대신 정리해주거나 제출하고, 소송과 관련된 모든 업무를 대리 진행한다.

심지어는 가족 구성원중 하나인 동물에게 유산을 상속하거나, 동물의 주인이 사망하였을 경우 누가 그 동물을 기르게 될 것인지를 결정하는 상담도 해주고 있다.

반려동물 변호사 역시 일반 변호사와 크게 다르지 않다. 이들은 4년제 대학 졸업 후 3년 과정의 로스쿨 과정을 거쳐 변호사 시험에 합격한 정식 변호사 자격인들이다. 단지 그들의 법조업무의 대상을 애완동물로 한다는 것이 다를 뿐이다. 국내에서는 아직 전문변호사라고까지 할 단계는 아니다.

현재까지 알려진 바에 따르면 미국의 반려동물 변호사의 연봉은 약 9만 달러로 추정되고 있으며 능력에 따라 더 많은 수입을 거두고 변호사들도 있다.

동물변호사가 활약하는 분야가 주로 동물과 관련된 소송이나 법적 권한 문제들이라고 할 때 결과에 가장 중요한 요소를 미치는 것은 결국 "동물의 권리"다. 그동안 동물권에 대해서 기본적으로 인간이 동물보다 우위에 존재하는 가치 있는 생물이라는 인식이 전반적이었다면, 인간이 가지고 있는 고유한 특성과 본성이 동물에게도 똑같이 적용될 수 있다는 기준을 가지고 있다는 의식을 변화하고 있다는 것을 알 수 있다. 즉 동물의 생명과 권리에 대해 인간의 그것처럼 깊은 존중을 요구하는 시대로 나아갈수록 동물의 권익을 소중하게 생각하는 이들의 활동도 더욱 활발해질 수 있을 것이다.

　이 직업은 아직 국내에 정식으로 도입되지는 않고 있지만
외국에서 도그 워킹 서비스라고 불리는 애완동물 산책 심부름은
도그 워커 아카데미에서 국제 인증 자격 과정을 거쳐야 그 자격을
얻게 된다. 아카데미에서는 반려견의 행동심리, 관리 기술,
프로토콜은 물론 창업, 고객관리, 마케팅 등 비즈니스에
이르기까지 도그 워킹 전문가로서 필요한 모든 것을 마스터할 수
있다.

　또 자격증제도를 운영하고 있는데, 국제인증자격과정인
"도그워커전문가 양성과정"을 수료하는 것이다. 국제 도그워커
자격증과 국제동물응급처치 자격을 동시에 취득하실 수 있는
국제인증자격과정 도그워커 전문가 양성과정을 수료하면 된다.
도그워커 자격을 갖추면, 반려동물 산책 서비스 사업을 새로
시작하거나, 기존의 서비스를 향상시킬 수 있다.

동물 장의사

　최근 키우던 강아지의 장례식 비용을 400만원이나 지불한
사람이 있어 큰 이슈가 된 바 있다. 키우던 동물의 마지막을 위해
그는 거금을 썼고, 이에 대한 의견이 분분했다. 수십 년 동안
길러온 가족 같은 동물이 사망했을 때 그들을 기르던
동물소유주의 상실감을 이루 말 할 수 없을 것이다. 그런데
현재의 국내법은 사망한 동물을 쓰레기종량제봉투에 넣어
버리도록 하고 있다. 현행 폐기물관리법상 애완동물 사체는
생활폐기물로 분류된다. 일반 쓰레기와 함께 처리해야 하는
것이다. 동물병원에서 사망한 경우 1kg당 1만원 안팎의 비용을
내고 의료폐기물로 분류해 소각할 수도 있다.

　동물을 기르는 사람들의 의식은 그들을 생명체로서 존중하고
가족으로서 교감을 나눈 상대라고 여기기 마련이다. 때문에
인간보다 빨리 늙고, 병들어 종국에는 먼저 이별할 수밖에 없는
그들의 운명 앞에서 경건하고 존중할 수 있는 절차를 밟고 싶어
한다. 약 10여 년 전부터 나타난 동물 장례법은 2007년
동물보호법이 개정되면서 동물장묘업 등록이 가능해지면서
확대되었다.

　반려동물 장례사는 반려동물 장례 의뢰가 들어오면, 고객과
장례절차에 대해 논의하고 자택으로 영구차를 보내 사체를
장례식장으로 운구한다. 반려동물의 사체를 곧고 바르며
깨끗하게 거두는 수시와 사체를 깨끗이 목욕시켜 수의를 입히는
과정을 거쳐 사체를 관속에 넣는 작업을 한다.

　사고사한 반려동물은 수술용 바늘로 사체를 꿰매서 최대한
깨끗한 상태로 복원한다. 입관이 끝나면 발인을 하며 고객의
종교에 맞게 장례예식을 치르고 화장을 한다. 화장 뒤에는 유골을
수습하고, 분골을 고객에게 인도하며 예식을 종료한다. 고객에
따라 화장만 하는 경우도 있고 화장 뒤에는 애완견 장묘업체가
보유하고 있는 납골당에 두거나 야외에 뿌리기도 한다. 또한
장례식에 직접 참여하지 못하는 고객을 위하여 모든 과정을

동영상으로 촬영하여 제공하기도 한다.

　반려동물장의사가 되기 위해 요구되는 특별한 자격이나
면허는 없으며 영구차 운전을 위해 운전면허는 갖추어 놓는 것이
유리하다. 또한 강아지나 고양이와 같은 동물의 종류와 특성을
알고 있으면 향후 업무수행에 많은 도움이 되며 교통사고 등으로
사체가 훼손된 경우 수습을 하기 위해서는 수술도구를 이용하는
약간의 기술도 필요하다.

　현재 반려동물 장례와 관련된 교육과정은 없는 상황이다. 다만,
대학의 반려동물학과, 반려동물관리학과 등 관련 학과를 나오면
동물에 대한 전반적인 이해를 쌓는데 도움이 되며 장례지도과
등에서 장례 절차와 과정에 대한 지식을 얻을 수 있다. 최근에는
민간 자격증이 생기기도 했지만 통상적으로 반려동물
장묘업체에 취업해 반려동물장의사의 업무를 보조하며 관련
지식과 기술을 쌓는 것이 보편적이다.

수의사와 함께 근무하거나, 동물생명산업 전반에 걸쳐 필요한
서비스를 제공하는 인력을 양성하는 학과도 존재한다. 바로
애완동물학과다. 이들은 동물병원, 사료회사, 펫샵, 동물원,
의과학 연구소, 관세청 등 동물과 관련된 산업체에서 필요한 전문
인력이 될 수 있도록 대학 교육과정을 이수한다.

특히 안내견 학교, 반려견 훈련사 양성교육 제공 등 단순히
애완동물 서비스 산업만이 아니라, 동물과 인간을 연결 짓는
징검다리가 될 수 있는 복지 서비스 분야에서도 두각을 나타낼 수
있는 인재를 양성하기 위해 설치되었다.

주로 이론과 실습을 병행해 산업체에서 직접적인 실무를
쌓도록 권장하고 있으며, 교육과목들로는 다음과 같은 과목들이
존재한다. 주요과목 및 공통과목에 대한 설명만을 실었으므로
자세한 사항은 희망 대학의 학과 커리큘럼을 참고해야 한다.

■ 동물복지학 : 반려동물에서 발생되는 동물학대의 유형과
동물 보호법을 학습하며 외국의 동물 보호 관련 단체의 활동과
사례를 연구하여 학습한다.

■ 반려동물학 : 애견의 역사, 견체학, 견의 종류, 질병 등에
관한 일반적인 내용과 각종 관상용 조류와 담수어, 해수어,
열대어 등 수족관 어류의 생태와 질병 등에 대한 지식을
공부한다.

■ 동물해부생리학 : 반려동물의 해부구조와 각 기관의
해부학적 기초를 배운다. 각종 동물의 생명현상을 이해하는데
중요한 생물체의 구성성분을 설명하고, 순환, 호흡, 생식에
관한 생리작용 및 위생관리에 관한 기초지식을 공부한다.

■ 특수(관상)동물 사육학 : 개와 고양이를 제외한 관상어,

해수어, 곤충, 조류, 실험동물에 대한 해부 생리 및 사육법,
특징, 종류에 대한 전반적인 학습이다.

■ 산업체 현장 실습 : 학교에서 배운 지식을 바탕으로 한달간
애완동물 관련 산업체에서 현장 실습을 진행하여 취업 시
충분한 기술이 습득 되도록 학습한다.

■ 동물행동학 : 동물의 행동에는 먹을 것을 찾거나 신체상태를
유지하거나 적을 피하려고 애쓰는 등의 행동이 포함되며
이러한 행동을 수행함으로써 삶을 유지한다. 이와 같이
신체운동으로 나타나고 발음을 수반하는 활동 즉, 행동은
동물이 살아가는 하나의 생활방식으로 동물의 학습과정, 수면,
배설, 하품과 기지개 등 개체적인 행동과 사회적 행동,
집단행동, 공격성 생식 등 동물의 각각의 행동이 갖는 의미를
학습한다.

■ 사료영양학 : 동물의 영양 및 소화생리에 관련된 기초
이론을 학습하며 애완동물에서 발생 가능한 질병을 대상으로
영양 치료법을 학습한다.

■ 핸들링 : 애견의 기초훈련은 애정이 담긴 유대감에 의해
시작되어야 하며, 애견은 사회 혹은 가정의 일원으로서 규칙에
융합하고 규율을 지키게 함으로 진정한 가족이 될 수 가 있다.

따라서 길들이기에 필요한 일반 상식인 시기, 훈련시의
마음가짐, 칭찬과 꾸지람 등의 전반적인 기본적인 내용과
나아가서 핸들링 쇼에 대한 워킹 훈련 등 기술적인 것을
학습한다.

■ 야생동물 사육학 : 동물원 야생동물의 종류, 특성, 사양관리,
특이점을 학습한다.

■ 야생동물 간호학 : 야생동물 질병의 종료, 간단한 진단 및
간호요령을 이론 및 현장실습을 통해 습득한다.

■ 고급미용 기술 : 애견 전문미용 지식을 마스터하기 위해
고급 미용 핸들링법과 쇼클립, 아트그루밍 기법 등과 각 견종에
맞는 트리밍 방법을 습득하기 위한 실습위주의 교육을 한다.

■ 반려동물 매개치료학 : 반려동물을 매개로 사람에게
일어나는 정신관련 질병을 치료하는 것으로 매개 치료의 역사,
외국의 사례, 치료견 선발, 사회복지기관현황, 미래 등을
학습한다.

■ 치료견 훈련 : 매개치료를 위한 개를 선발, 훈련, 실전
학습을 시키는 것으로 기본 복종 훈련, 치료견 훈련 등을 실습
등을 통하여 학습한다.

■ 특수견 훈련 : 경찰견, 마약 탐지견, 경비견, 수색견등을
훈련시키는 과목으로 전용 훈련장에서 기본 복종훈련,
아질러티, 특성별 훈련을 실습한다.

■ 실험동물사육관리학 : 마우스, 랫트와 토끼 등과 같은
실험동물을 대상으로 사육법과 특징을 현장 실습을 병행하여
학습하여 현장 실무 능력이 뛰어난 실험동물기술사 양성을
목표로 한 학습이다.

■ 펫산업서비스 마켓팅 : 펫산업 분야의 구조와 유통 등을
조사하여 펫산업 분야 창업에 필요한 창업 요령, 경영, 회계,
마켓팅 요령 등을 학습한다.

■ 야생동물 조련학 : 동물원 동물중 물개, 돌고래, 팽귄 등
수중 동물을 대상으로 행동, 사육, 전시 요령등을 실습과
이론을 통하여 습득한다.

Part Four

Reference

- 수의약리독성학 입문
  수의 약리학과 독성학의 기본적인 개념들을 배운다.

- 실험동물의학
  실험동물의 생물학적 특성을 배우고, 각종 실험동물의
  생명과학 분야의 적용사례와 실험동물질병에 대해 공부한다.

- 실험동물의학 실습
  주요 실습내용은 실험동물의 육종, 번식 및 관리기술,
  약물투여, 시료채취, 마취, 안락사 등 동물실험의 기본 내용을
  배운다.

■ 수의해부학

　수의학의 기초가 되는 동물의 내부 구조를 공부하는 과목으로
　동물의 골격계, 관절계, 신경계, 심장순환계에 대하여 배운다.
　나아가 동물의 소화기계, 호흡기계, 비뇨기계, 생식기계,
　내분비계, 피부계, 특수감각계 등의 구조와 기능을 공부한다.

■ 수의해부학 실습

　수의해부학 시간에 배운 동물의 신경과 혈관분포, 각 장기의
　구조를 사체 실습을 통하여 배운다.

■ 수의조직학

　생체의 각 기관을 구성하고 있는 조직의 미세구조, 즉
　상피조직, 결합조직, 근육조직, 신경조직 등 4종류의
　기본조직의 미세구조를 배운다. 또한 동물의 심장혈관계통,
　림프기관, 피부, 소화기계, 호흡기계, 비뇨기계, 생식기계 등 각
　기관의 조직학적 구조를 공부한다.

■ 수의조직학 실습

　수의 조직학에서 배운 세포의 미세구조, 심장혈관계통,
　림프기관, 피부, 소화기계, 호흡기계, 비뇨기계, 생식시계 등을
　전자현미경을 통해 실습한다.

■ 수의미생물학

　동물의 질병을 유발하는 미생물에 대한 분리동정, 구조와 기능,
　대사과정 및 병원성 등에 대해 배우고 미생물에 대한 특성과
　병원성 등에 대해 공부한다.

■ 수의미생물학 실험

　수의미생물학을 통하여 배운 미생물의 분리동정, 구조와 기능,

대사과정 및 병원성 등에 대한 기초실습과 병원성 미생물에
대한 배양, 유전적인 특성, 반응, 응용 등의 실험방법을 익힌다.

■ 수의생리학
수의학의 기초가 되는 생명현상의 메카니즘을 이해한다.

■ 수의생리학 실험
세포 및 개체의 생리적 현상을 실험을 통하여 검증하고 새로운
기전을 밝혀내는 실험을 한다.

■ 수의약리학
각종 약물들의 물리, 화학적 성질과 작용기전을 배우고 동물에
따른 임상적 이용 및 응용에 대해 공부한다.

■ 수의약리학 실험
약물의 물리화학적 성질을 배우고 실험을 통하여 작용기전과
생체반응을 확인한다.

■ 수의신경해부학 및 실습
동물의 뇌와 척수의 구조에 대해 공부하고 말초신경이 뇌와
척수에 연결되는 경로와 기능적 연관성에 대해 배우고
해부실습을 통해 이를 확인한다.

■ 수의전염병학
동물에 대한 바이러스성 전염병에 대하여 병인체, 역학, 병원성
및 실험실적 진단 등에 대하여 배운다.
또한 병원성 세균의 배양과 진단법에 대한 공부를 한다.

■ 수의전염병학 실험
조직배양법, 바이러스 중화시험 및 형광항체진단법을
실험한다.

■ 어류질병학
담수어, 해수어 및 기수어에 있어서 바이러스성, 세균성,
진균성, 기생충성, 질병의 병리병변, 임상증상, 병원체의 성상,
진단, 예방 및 치료, 위생관리에 대하여 배운다.

■ 어류질병학 실습
담수 및 해양 어류 사육기술, 해부 및 부검요령, 보정, 시료채취,
약물투여 등을 실습한다.

■ 조류질병학
주요 조류 바이러스성 및 여러 가지 질병에 대해 공부한다.

■ 조류질병학 실습
주요 조류질병에 대한 병원체 분리동정, 혈액검사, 유전자
검사, 세포배양 등에 관한 실습을 한다.

■ 수의독성학
각종 독성물질들의 물리화학적 성질과 독 작용기전, 임상적
증세 및 진단과 치료에 대하여 배운다.

■ 수의독성학 실험
독성물질의 물리화학적 성질을 확인하고 중독증의 진단을
위한 실험실 내 분석법과 치료를 위한 해독제 사용에 대하여
공부하고 실험한다.

■ 수의기생충학

야생동물, 가금류, 가축, 어류 및 모든 반려동물의 생체 내에
기생하는 기생충과 파리, 모기, 진드기 등을 포함한 일부
절족동물들의 형태와 종류, 생활사, 병원성 등에 대하여
공부하고 기생충들 질환에 대한 진단과 치료 예방법 등을
배운다.

■ 수의기생충학 실습

이론에 기초하여 기생충성 질병들을 진단하는 방법과
예방법에 관한 실무적인 지식과 기술을 배운다.

■ 수의공중보건학

동물과 사람의 건강 및 질병에 관한 분야로 공중보건학 개론,
소독과 멸균, 보건역학 및 의학통계의 이용 등과 더불어 사람과
동물사이에 공통적으로 발병하는 인수공통의 세균성,
바이러스성 및 기타 미생물에 의한 질병들에 관하여 배운다.

■ 수의공중보건학 실습

질병의 발생과 전염에 관계된 여러 요인들의 상관관계와
영향을 실험실적인 모델을 통하여 이해하고 검증한다.

■ 수의병리학

가축 질병의 요인과 이로 인한 세포, 조직, 장기의 이상적
변화에 대한 지식과 기전 및 용어를 배운다. 정상적인 세포가
외적요인에 의하여 병리 변화를 일으키는 분자 생물학적인
병리변화 기전, 면역학적인 염증발생 및 치유기전과 이를
위하여 생성되거나 이용되는 각종 생물학적인 활성물질의
역할에 관하여 배운다.
또한 동물의 호흡기, 소화기, 맥관계, 신경계, 비뇨기계 등

시스템별 병리학적인 질병 발생기전, 임상소견, 육안적인
병리소견, 조직병리학적인 변화, 초미세 구조의 변화 및 면역
병리학적인 변화에 대하여 공부하여 동물의 각종 질병의
병리학적인 진단 기초를 함양한다.

■ 수의병리학 실습
병리학적 부검에 관한 기초적 이해와 이론적인 바탕으로
토대로 각종 장기 및 조직에 나타나는 병리학적 상태를
검사하는데 필요한 기본적인 기술을 배운다.
특히 산업동물을 중심으로 체계적인 부검 테크닉 및 실험실
검사를 위한 검사 재료 채취 및 병리 병변을 이용한 진단
능력을 기른다. 또한 조직병리학 표본 제작 및 검경을 중심으로
한 가축질병 진단의 기초에 고나한 강의를 통하여 기본적인
조직처리기술 및 염색법 그리고 각종 배율에서 병리 조직의
형태 관찰 및 해석을 질병진단과 연계하여 공부한다.

■ 동물행동학
동물의 운동 특성과 행동 양식을 공부하여 동물에 대한 이상
행동 등을 예찰할 수 있는 기본 능력을 배운다.

■ 환경위생학
인류와 생물이 공존함에 있어 생활과 생명에 영향을 미칠 수
있는 대기오염, 수질오염, 소음과 진동, 오물과 폐기물 등에
의한 공해와 이에 대한 예방책에 대하여 공부한다.

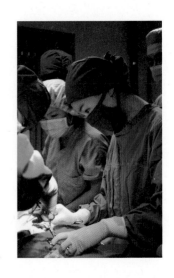

■ 수의임상병리학
임상화학, 임상혈액학, 임상세포학, 임상미생물학,
임상기생충학, 임상뇨분석, 임상분변분석 등에 대한 이론을
바탕으로 동물의 임상병리검사 결과를 해석하는 방법을

배운다.

■ 수의임상병리학 실험
수의 임상병리학의 이론적 지식을 바탕으로 동물질병에 대한
진단 실습을 한다.

■ 수의내과학
큰 동물, 중간 정도의 동물 및 애완동물들 사이의 질병 발생
연관성 요인과 질병의 진단에 필요한 기술을 배우며, 동물의
종류, 사양관리 및 영양면의 문제점에 의한 질병발생의 양상에
관한 기본이론과 진료법을 공부한다. 또한 동물의 신경계,
호흡기계, 순환기계, 소화기계, 내분기계, 비뇨기계, 혈액 및
조혈장기, 피부, 이비인후, 안과 등 장기별 특성에 따른
비전염성질병에 관한 이론과 진료법을 배운다.

■ 수의내과학 실습
동물의 질병을 진단하기 위한 기본적인 신체검사의 요령,
진단방법, 처방 및 기본적인 처치 방법에 대한 기술을 배운다.

■ 수의산과학
동물의 번식 및 출산과 관계되는 공부로서 생식기의 구조와
기능, 생식호르몬, 번식생리 및 임신진단 등을 공부한다. 또한
임신 기간 중의 질병과 사고, 분만, 난산, 산욕기의 질병 및
불임증 등의 이상 상황에 대해 대처하는 법을 배운다.

■ 수의산과학 실습
물의 임신진단, 인공수정, 정자평가, 수정란 이식 등에 관해
공부한다. 그리고 소, 돼지, 개 및 말 등의 일반가축과 사슴과
같은 야생동물의 번식장애 등과 같이 우리나라에서 빈발되는

사례에 대하여 실습을 통하여 연구한다.

■ 수의방사선학
동물 진단에 필요한 X선의 물리학적 개요를 비롯한 X선
조영술, 방사능의 생물학적 작용, 방사능에 대한 방어 방법,
X선 사진 판독의 원리 및 X선 사진 소견 진단 등에 관하여
공부한다.

■ 수의방사선학 실습
X-ray촬영 및 현상 장비의 조작, 두부, 흉부, 복부, 사지 등
기본촬영기법을 배운다.

■ 수의외과학
창상치유에 영향을 미치는 요인, 창상치료의 일반원칙, 골절의
원인, 증상, 치유기전, 골절의 치료, 운동기계 외과질환 및
치료법 등 수의외과학의 기본 이론과 수술 방법을 배운다.

■ 수의외과학 실습
동물 수술에 대하여 실무적인 기술을 익히는 것으로 수술기구
사용, 재료 및 수술준비, 조직 분할과 지혈, 봉합법, 마취 및
환축검사, 심폐소생법 등 기본적인 외과 실무와 두경부외과,
흉부외과, 위장외과, 비뇨생식기외과, 근골격계외과, 척추외과,
재건외과 등 동물의 일반적 수술에 대한 실습을 한다.

■ 수의영상진단학
X선의 단순촬영법과 조영법 및 방사선 사진의 판독법,
초음파진단의 원리와 초음파 진단 영상을 이용한 질병의
진단법 등에 관한 이론을 배운다.

■ 수의영상진단학 실습
　수의영상진단학에서 배운 이론을 실습을 통해 연마하는
　과목으로 X선 촬영시 동물의 보정 및 자세, X선 촬영 및
　판독기구, X선 방호, X선 단순촬영사진 및 조영촬영사진의
　판독법, 초음파 진단장치 및 초음파진단 화상의 해석법 등을
　공부한다.

■ 축산물 및 어패류 검사론
　가금류를 포함한 여러 종류의 가축 도축과정에 대한 위생검사,
　각종 축산물의 생산 및 유통과정의 위생적인 관리 방법,
　어패류의 유통 및 보관 과정에서의 위생학적 관리 방법 등에
　대하여 배운다.

■ 산업동물종합실습
　경제적 수익을 목적으로 사육하는 동물의 질병에 대한 진단과
　치료 그리고 처치에 필요한 기본적인 방법과 기술을 배운다.

■ 수의법규
　수의사법, 수의약사 관계법, 축산물 가공처리법 등 수의사의
　업무 활동에 필요한 각종 법령에 대한 법학적 지식을 배운다.

수의사법

제1장 총칙

제1조(목적)
이 법은 수의사(獸醫師)의 기능과 수의(獸醫)업무에 관하여 필요한 사항을 규정함으로써 동물의
건강증진, 축산업의 발전과 공중위생의 향상에 기여함을 목적으로 한다.

제2조(정의)
이 법에서 사용하는 용어의 뜻은 다음과 같다.
1. "수의사"란 수의업무를 담당하는 사람으로서 농림축산식품부장관의 면허를 받은 사람을 말한다.
2. "동물"이란 소, 말, 돼지, 양, 개, 토끼, 고양이, 조류(鳥類), 꿀벌, 수생동물(水生動物), 그 밖에
대통령령으로 정하는 동물을 말한다.

3. "동물진료업"이란 동물을 진료[동물의 사체 검안(檢案)을 포함한다. 이하 같다]하거나 동물의
질병을 예방하는 업(業)을 말한다.

3의2. "동물보건사"란 동물병원 내에서 수의사의 지도 아래 동물의 간호 또는 진료 보조 업무에
종사하는 사람으로서 농림축산식품부장관의 자격인정을 받은 사람을 말한다.

4. "동물병원"이란 동물진료업을 하는 장소로서 제17조에 따른 신고를 한 진료기관을 말한다.

제3조(직무)
수의사는 동물의 진료 및 보건과 축산물의 위생 검사에 종사하는 것을 그 직무로 한다.

제2장 수의사

제4조(면허)
수의사가 되려는 사람은 제8조에 따른 수의사 국가시험에 합격한 후 농림축산식품부령으로 정하는
바에 따라 농림축산식품부장관의 면허를 받아야 한다.

제5조(결격사유)
다음 각 호의 어느 하나에 해당하는 사람은 수의사가 될 수 없다.

1. 「정신건강증진 및 정신질환자 복지서비스 지원에 관한 법률」 제3조제1호에 따른 정신질환자.
다만, 정신건강의학과전문의가 수의사로서 직무를 수행할 수 있다고 인정하는 사람은 그러하지
아니하다.

2. 피성년후견인 또는 피한정후견인

3. 마약, 대마(大麻), 그 밖의 향정신성의약품(向精神性醫藥品) 중독자. 다만, 정신건강의학과전문의가
수의사로서 직무를 수행할 수 있다고 인정하는 사람은 그러하지 아니하다.

4. 이 법, 「가축전염병예방법」, 「축산물위생관리법」, 「동물보호법」, 「의료법」, 「약사법」,
「식품위생법」 또는 「마약류관리에 관한 법률」을 위반하여 금고 이상의 실형을 선고받고 그 집행이
끝나지(집행이 끝난 것으로 보는 경우를 포함한다) 아니하거나 면제되지 아니한 사람

제6조(면허의 등록)
① 농림축산식품부장관은 제4조에 따라 면허를 내줄 때에는 면허에 관한 사항을 면허대장에
등록하고 그 면허증을 발급하여야 한다.

② 제1항에 따른 면허증은 다른 사람에게 빌려주거나 빌려서는 아니 되며, 이를 알선하여서도 아니
된다.

③ 면허의 등록과 면허증 발급에 필요한 사항은 농림축산식품부령으로 정한다.

제8조(수의사 국가시험)

① 수의사 국가시험은 매년 농림축산식품부장관이 시행한다.

② 수의사 국가시험은 동물의 진료에 필요한 수의학과 수의사로서 갖추어야 할 공중위생에 관한 지식 및 기능에 대하여 실시한다.

③ 농림축산식품부장관은 제1항에 따른 수의사 국가시험의 관리를 대통령령으로 정하는 바에 따라 시험 관리 능력이 있다고 인정되는 관계 전문기관에 맡길 수 있다.

④ 수의사 국가시험 실시에 필요한 사항은 대통령령으로 정한다.

제9조(응시자격)

① 수의사 국가시험에 응시할 수 있는 사람은 제5조 각 호의 어느 하나에 해당되지 아니하는 사람으로서 다음 각 호의 어느 하나에 해당하는 사람으로 한다.

   1. 수의학을 전공하는 대학(수의학과가 설치된 대학의 수의학과를 포함한다)을 졸업하고 수의학사 학위를 받은 사람. 이 경우 6개월 이내에 졸업하여 수의학사 학위를 받을 사람을 포함한다.

   2. 외국에서 제1호 전단에 해당하는 학교(농림축산식품부장관이 정하여 고시하는 인정기준에 해당하는 학교를 말한다)를 졸업하고 그 국가의 수의사 면허를 받은 사람

② 제1항제1호 후단에 해당하는 사람이 해당 기간에 수의학사 학위를 받지 못하면 처음부터 응시자격이 없는 것으로 본다.

제10조(무면허 진료행위의 금지)

수의사가 아니면 동물을 진료할 수 없다. 다만,「수산생물질병 관리법」제37조의2에 따라 수산질병관리사 면허를 받은 사람이 같은 법에 따라 수산생물을 진료하는 경우와 그 밖에 대통령령으로 정하는 진료는 예외로 한다.

제11조(진료의 거부 금지)

동물진료업을 하는 수의사가 동물의 진료를 요구받았을 때에는 정당한 사유 없이 거부하여서는 아니 된다.

제12조(진단서 등)

① 수의사는 자기가 직접 진료하거나 검안하지 아니하고는 진단서, 검안서, 증명서 또는 처방전(「전자서명법」에 따른 전자서명이 기재된 전자문서 형태로 작성한 처방전을 포함한다. 이하 같다)을 발급하지 못하며,「약사법」제85조제6항에 따른 동물용 의약품(이하 "처방대상 동물용 의약품"이라 한다)을 처방·투약하지 못한다. 다만, 직접 진료하거나 검안한 수의사가 부득이한 사유로 진단서, 검안서 또는 증명서를 발급할 수 없을 때에는 같은 동물병원에 종사하는 다른 수의사가 진료부 등에 의하여 발급할 수 있다.

② 제1항에 따른 진료 중 폐사(斃死)한 경우에 발급하는 폐사 진단서는 다른 수의사에게서 발급받을

수 있다.

③ 수의사는 직접 진료하거나 검안한 동물에 대한 진단서, 검안서, 증명서 또는 처방전의 발급을 요구받았을 때에는 정당한 사유 없이 이를 거부하여서는 아니 된다.

④ 제1항부터 제3항까지의 규정에 따른 진단서, 검안서, 증명서 또는 처방전의 서식, 기재사항, 그 밖에 필요한 사항은 농림축산식품부령으로 정한다.

⑤ 제1항에도 불구하고 농림축산식품부장관에게 신고한 축산농장에 상시고용된 수의사와 「동물원 및 수족관의 관리에 관한 법률」 제3조제1항에 따라 등록한 동물원 또는 수족관에 상시고용된 수의사는 해당 농장, 동물원 또는 수족관의 동물에게 투여할 목적으로 처방대상 동물용 의약품에 대한 처방전을 발급할 수 있다. 이 경우 상시고용된 수의사의 범위, 신고방법, 처방전 발급 및 보존 방법, 진료부 작성 및 보고, 교육, 준수사항 등 그 밖에 필요한 사항은 농림축산식품부령으로 정한다.

제12조의2(처방대상 동물용 의약품에 대한 처방전의 발급 등)

① 수의사(제12조제5항에 따른 축산농장, 동물원 또는 수족관에 상시고용된 수의사를 포함한다. 이하 제2항에서 같다)는 동물에게 처방대상 동물용 의약품을 투약할 필요가 있을 때에는 처방전을 발급하여야 한다.

② 수의사는 제1항에 따라 처방전을 발급할 때에는 제12조의3제1항에 따른 수의사처방관리시스템(이하 "수의사처방관리시스템"이라 한다)을 통하여 처방전을 발급하여야 한다. 다만, 전산장애, 출장 진료 그 밖에 대통령령으로 정하는 부득이한 사유로 수의사처방관리시스템을 통하여 처방전을 발급하지 못할 때에는 농림축산식품부령으로 정하는 방법에 따라 처방전을 발급하고 부득이한 사유가 종료된 날부터 3일 이내에 처방전을 수의사처방관리시스템에 등록하여야 한다.

③ 제1항에도 불구하고 수의사는 본인이 직접 처방대상 동물용 의약품을 처방·조제·투약하는 경우에는 제1항에 따른 처방전을 발급하지 아니할 수 있다. 이 경우 해당 수의사는 수의사처방관리시스템에 처방대상 동물용 의약품의 명칭, 용법 및 용량 등 농림축산식품부령으로 정하는 사항을 입력하여야 한다.

④ 제1항에 따른 처방전의 서식, 기재사항, 그 밖에 필요한 사항은 농림축산식품부령으로 정한다.

⑤ 제1항에 따라 처방전을 발급한 수의사는 처방대상 동물용 의약품을 조제하여 판매하는 자가 처방전에 표시된 명칭·용법 및 용량 등에 대하여 문의한 때에는 즉시 이에 응답하여야 한다. 다만, 다음 각 호의 어느 하나에 해당하는 경우에는 그러하지 아니하다.

   1. 응급한 동물을 진료 중인 경우
   2. 동물을 수술 또는 처치 중인 경우
   3. 그 밖에 문의에 응답할 수 없는 정당한 사유가 있는 경우

제13조(진료부 및 검안부)

① 수의사는 진료부나 검안부를 갖추어 두고 진료하거나 검안한 사항을 기록하고 서명하여야 한다.

② 제1항에 따른 진료부 또는 검안부의 기재사항, 보존기간 및 보존방법, 그 밖에 필요한 사항은

농림축산식품부령으로 정한다.

③ 제1항에 따른 진료부 또는 검안부는 「전자서명법」에 따른 전자서명이 기재된 전자문서로 작성・보관할 수 있다.

제3장 동물병원

제17조(개설)

① 수의사는 이 법에 따른 동물병원을 개설하지 아니하고는 동물진료업을 할 수 없다.

② 동물병원은 다음 각 호의 어느 하나에 해당되는 자가 아니면 개설할 수 없다.

  1. 수의사

  2. 국가 또는 지방자치단체

  3. 동물진료업을 목적으로 설립된 법인(이하 "동물진료법인"이라 한다)

  4. 수의학을 전공하는 대학(수의학과가 설치된 대학을 포함한다)

  5. 「민법」이나 특별법에 따라 설립된 비영리법인

③ 제2항제1호부터 제5호까지의 규정에 해당하는 자가 동물병원을 개설하려면 농림축산식품부령으로 정하는 바에 따라 특별자치도지사・특별자치시장・시장・군수 또는 자치구의 구청장(이하 "시장・군수"라 한다)에게 신고하여야 한다. 신고 사항 중 농림축산식품부령으로 정하는 중요 사항을 변경하려는 경우에도 같다.

④ 시장・군수는 제3항에 따른 신고를 받은 경우 그 내용을 검토하여 이 법에 적합하면 신고를 수리하여야 한다.

⑤ 동물병원의 시설기준은 대통령령으로 정한다.

제17조의2(동물병원의 관리의무)

동물병원 개설자는 자신이 그 동물병원을 관리하여야 한다. 다만, 동물병원 개설자가 부득이한 사유로 그 동물병원을 관리할 수 없을 때에는 그 동물병원에 종사하는 수의사 중에서 관리자를 지정하여 관리하게 할 수 있다.

제21조(공수의)

① 시장・군수는 동물진료 업무의 적정을 도모하기 위하여 동물병원을 개설하고 있는 수의사, 동물병원에서 근무하는 수의사 또는 농림축산식품부령으로 정하는 축산 관련 비영리법인에서 근무하는 수의사에게 다음 각 호의 업무를 위촉할 수 있다. 다만, 농림축산식품부령으로 정하는 축산 관련 비영리법인에서 근무하는 수의사에게는 제3호와 제6호의 업무만 위촉할 수 있다.

  1. 동물의 진료

  2. 동물 질병의 조사・연구

  3. 동물 전염병의 예찰 및 예방

4. 동물의 건강진단

  5. 동물의 건강증진과 환경위생 관리

  6. 그 밖에 동물의 진료에 관하여 시장・군수가 지시하는 사항

② 제1항에 따라 동물진료 업무를 위촉받은 수의사[이하 "공수의(公獸醫)"라 한다]는 시장・군수의
지휘・감독을 받아 위촉받은 업무를 수행한다.

제22조(공수의의 수당 및 여비)

① 시장・군수는 공수의에게 수당과 여비를 지급한다.

② 특별시장・광역시장・도지사 또는 특별자치도지사・특별자치시장(이하 "시・도지사"라 한다)은
제1항에 따른 수당과 여비의 일부를 부담할 수 있다.

제3장의2 동물진료법인

제22조의2(동물진료법인의 설립 허가 등)

① 제17조제2항에 따른 동물진료법인을 설립하려는 자는 대통령령으로 정하는 바에 따라 정관과 그
밖의 서류를 갖추어 그 법인의 주된 사무소의 소재지를 관할하는 시・도지사의 허가를 받아야 한다.

② 동물진료법인은 그 법인이 개설하는 동물병원에 필요한 시설이나 시설을 갖추는 데에 필요한
자금을 보유하여야 한다.

③ 동물진료법인이 재산을 처분하거나 정관을 변경하려면 시・도지사의 허가를 받아야 한다.

④ 이 법에 따른 동물진료법인이 아니면 동물진료법인이나 이와 비슷한 명칭을 사용할 수 없다.

제22조의3(동물진료법인의 부대사업)

① 동물진료법인은 그 법인이 개설하는 동물병원에서 동물진료업무 외에 다음 각 호의 부대사업을
할 수 있다. 이 경우 부대사업으로 얻은 수익에 관한 회계는 동물진료법인의 다른 회계와 구분하여
처리하여야 한다.

  1. 동물진료나 수의학에 관한 조사・연구

  2. 「주차장법」 제19조제1항에 따른 부설주차장의 설치・운영

  3. 동물진료업 수행에 수반되는 동물진료정보시스템 개발・운영 사업 중 대통령령으로 정하는
  사업

② 제1항제2호의 부대사업을 하려는 동물진료법인은 타인에게 임대 또는 위탁하여 운영할 수 있다.

③ 제1항 및 제2항에 따라 부대사업을 하려는 동물진료법인은 농림축산식품부령으로 정하는 바에
따라 미리 동물병원의 소재지를 관할하는 시・도지사에게 신고하여야 한다. 신고사항을 변경하려는
경우에도 또한 같다.

④ 시・도지사는 제3항에 따른 신고를 받은 경우 그 내용을 검토하여 이 법에 적합하면 신고를
수리하여야 한다.

제1조(목적)
이 법은 공중방역수의사로 하여금 국가와 지방자치단체의 가축방역업무를 효율적으로 지원하게
하고 공중방역수의사의 인사 및 복무 등에 관하여 「국가공무원법」의 특례를 정함으로써 축산업의
발전과 공중위생의 향상에 기여함을 목적으로 한다.

제2조(정의)
이 법에서 사용하는 용어의 뜻은 다음과 같다.
1. "공중방역수의사"란 가축방역업무에 종사하기 위하여 「병역법」 제34조의7에 따라
공중방역수의사에 편입된 수의사로서 농림축산식품부장관으로부터 가축방역업무에 종사할 것을
명령받은 사람을 말한다.
2. "가축방역업무"라 함은 가축방역기관에서 「가축전염병예방법」 및 「축산물위생관리법」의 규정에
따라 행하는 가축방역·동물검역 및 축산물위생관리업무를 말한다.
3. "가축방역기관"이라 함은 대통령령으로 정하는 국가검역·검사기관(이하 "국가검역·검사기관"이라
한다) 및 지방자치단체와 지방자치단체에 소속되어 가축방역업무를 수행하는 기관을 말한다.

제3조(공중방역수의사의 신분)
① 공중방역수의사는 농림축산식품부에 소속된 「국가공무원법」 제26조의5에 따른
임기제공무원으로 한다.
②공중방역수의사가 제6조제1항에 따라 농림축산식품부장관으로부터 종사명령을 받은 경우에는
「국가공무원법」 제26조의5에 따른 임기제공무원으로 임용된 것으로 본다.

제4조(결격사유)
「국가공무원법」 제33조 각 호의 어느 하나에 해당하는 사람은 공중방역수의사로 임용될 수 없다.

제9조(의무복무기간)
①공중방역수의사의 의무복무기간은 「병역법」 제55조에 따라 받는 군사교육소집기간 외에 3년으로
한다.
②제1항에 따른 의무복무기간을 마친 공중방역수의사에 대하여는 「병역법」 제34조의7제2항에 따라
사회복무요원의 복무를 마친 것으로 본다.

③농림축산식품부장관은 제1항에 따른 의무복무기간을 마친 공중방역수의사의 명단을 병무청장에게 통보하여야 한다.

제10조(직장이탈금지 등)
①공중방역수의사는 가축방역기관의 장의 허가 없이 근무시간 중에 그 근무기관을 이탈하여서는 아니 된다.
②농림축산식품부장관, 시·도지사, 시장·군수 또는 자치구의 구청장(이하 "시장·군수·구청장"이라 한다)은 해당관할구역의 긴급방역 등 공중방역수의사가 근무지역에 거주하여야 할 상당한 이유가 있는 경우 그 관할 구역에 있는 공중방역수의사에 대하여 근무지역의 이탈금지를 명할 수 있다.
③제2항에 따른 근무지역의 범위는 농림축산식품부령으로 정한다.
④시·도지사 및 시장·군수·구청장은 제2항에 따라 공중방역수의사에 대하여 근무지역 이탈금지를 명한 경우 시·도지사는 농림축산식품부장관에게, 시장·군수·구청장은 시·도지사에게 그 내용을 지체 없이 보고하여야 한다.

제11조(공중방역수의사의 복무)
①공중방역수의사는 의무복무기간 동안 가축방역업무에 성실히 종사하여야 하며, 제6조제1항에 따라 부여받은 가축방역업무 외의 업무에 종사하여서는 아니 된다.
②농림축산식품부장관은 공중방역수의사가 제10조제1항 또는 같은 조 제2항의 명령을 위반하여 의무복무기간 중 합산 7일 이내의 기간동안 근무기관 또는 근무지역을 이탈한 때에는 그 이탈일수의 5배의 기간을 연장하여 근무할 것을 명할 수 있다.
③농림축산식품부장관은 공중방역수의사가 제1항을 위반하여 합산 7일 이내의 기간동안 가축방역업무 외의 업무에 종사한 때에는 그 업무에 종사한 일수의 5배의 기간을 연장하여 근무할 것을 명할 수 있다.
④농림축산식품부장관은 공중방역수의사가 장기입원 또는 요양 등 직무 외의 사유로 인하여 1개월 이상 근무하지 못한 경우에는 그 기간만큼 연장하여 근무할 것을 명할 수 있다.
⑤공중방역수의사의 복무에 관하여는 이 법에서 정한 것을 제외하고는 「국가공무원법」에 따른다.

제12조(신분상실 및 박탈)
①공중방역수의사가 다음 각 호의 어느 하나에 해당하는 때에는 공중방역수의사의 신분은 상실된다.
 1.「국가공무원법」제33조 각 호의 어느 하나에 해당하는 때. 다만,「국가공무원법」제33조제5호는 「형법」제129조부터 제132조까지 및 직무와 관련하여 「형법」제355조 또는 제356조에 규정된 죄를 저지른 사람으로서 금고 이상의 형의 선고유예를 받은 때만 해당한다.
 2. 수의사의 자격을 상실하거나 정지당한 때
②농림축산식품부장관은 공중방역수의사가 다음 각 호의 어느 하나에 해당하는 때에는 직권에

의하여 신분을 박탈할 수 있다. 다만, 제1호부터 제3호까지의 규정에 해당하는 때에는 신분을
박탈하여야 한다.

　1. 정당한 사유 없이 제6조제2항 및 제3항에 따른 직무교육을 받지 아니한 때

　2. 정당한 사유 없이 제10조제1항 또는 같은 조 제2항의 명령을 위반하여 의무복무기간 중 합산
8일 이상의 기간동안 근무기관이나 근무지역을 이탈한 때

　3. 정당한 사유 없이 제11조제1항을 위반하여 합산 8일 이상의 기간동안 가축방역업무 외의
업무에 종사한 때

　4. 신체상 또는 정신상의 장애로 1년 이내에 직무에 복귀할 수 없거나 직무를 감당할 수 없는 때

③농림축산식품부장관은 제2항에 따라 공중방역수의사의 신분을 박탈하고자 하는 때에는 청문을
하여야 한다.

제16조(보수 등)

①공중방역수의사에 대하여는 군인보수의 한도에서 보수 및 직무 수행에 필요한 여비 등을
지급한다.

②제1항에 따른 보수의 기준 등은 대통령령으로 정한다.

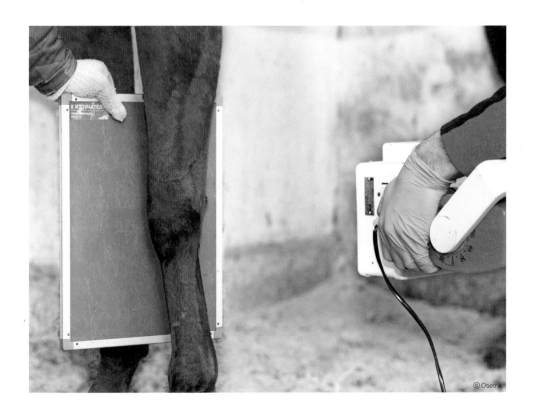

© Osetrik

동물실험지침

제1조(목적)
이 지침은「동물보호법」제23조 등에 따라 인류의 복지증진과 동물생명의 존엄성을 고려하여
동물실험을 실시하고, 실험동물의 윤리적 취급과 과학적 사용을 도모하게 하기 위하여
농림축산검역본부(이하 "검역본부"라 한다)의 소속 공무원이 검역본부 직무와 관련하여 실시하는
동물실험 및 실험동물의 생산・도입・관리・이용・사후처리 등과 관련된 준수사항 및
동물실험시설의 관리・운영에 관하여 필요한 사항을 규정함을 목적으로 한다.

제2조(용어의 정의)
이 지침에서 사용하는 용어의 정의는 다음 각 호와 같다.
1. "동물실험" 이라 함은 실험동물을 이용하여 실시하는 관찰과 시험을 통한 연구, 병성감정,
생물학적 제제의 제조 등 과학실험을 하거나 교육의 목적으로 동물을 사용하는 것을 말한다.

2. "실험동물"이라 함은 시험연구, 교육 및 기타 과학적 목적에 이용하거나 이를 위하여 동물실험시설 내에서 사육하거나 관리하고 있는 동물(동물실험시설에 반입하기 위해 운송 중인 경우도 포함한다)을 말한다.

3. "동물실험시설"이라 함은 동물실험을 행하거나 실험동물의 사육·관리 등에 사용되는 시설·기계·장비(그 부대 용도의 것을 포함한다. 이하 같다)를 말한다.

4. "시설관리책임자"라 함은 동물실험시설의 관리를 위하여 「농림축산검역본부 사무분장 규정」(이하 "사무분장규정"이라 한다)에 따라 정한 부서의 장(본부는 과장, 지역본부는 과장·센터장 또는 사무소장을 말한다)을 말한다.

5. "실험자"라 함은 검역본부의 동물실험윤리위원회(이하 "위원회"라 한다)의 승인을 받은 동물실험계획에 따라 동물실험을 수행하는 자를 말한다.

제3조(적용범위)

이 지침의 적용범위는 다음 각 호와 같다.

1. 검역본부의 「동물실험윤리위원회운영규정」 제2조 및 제7조(이하 "위원회운영규정"이라 한다)에 따라 승인받아 수행하는 동물실험 및 실험동물과 동물실험시설에 관한 사항

2. 「가축전염병예방법」 제10조에 따른 수의과학기술개발계획과 「동물용의약품등취급규칙」 제27조에 따른 동물용의약품등의 국가검정 등 검역본부가 실시하는 동물실험과 실험동물의 사용 시 준수사항

3. 그 밖에 농림축산검역본부장(이하 "검역본부장"이라 한다)이 필요하다고 인정하여 정하는 사항

제4조(동물실험 일반원칙)

① 시설관리책임자와 실험자는 실험동물과 동물실험시설에 대하여 선량한 관리를 하여야 한다.

② 시설관리책임자와 실험자는 실험동물 보호와 동물실험시설 등에 대하여 주기적으로 점검하고 예산 확보을 통해 그 유지·보수 및 개선을 위한 필요한 조치 등을 행하여야 한다.

③ 시설관리책임자는 실험자가 「동물보호법」 제23조에 따라 실험에 사용되는 동물의 윤리적 취급과 과학적 사용 원칙을 준수하여 동물실험을 행하도록 지도·감독을 하여야 한다.

④ 실험자는 동물실험을 행하거나 실험동물을 관리할 때 동물에게 불필요한 고통을 주지 않도록 배려하여야 한다. 실험자는 동물실험을 행할 때 위원회의 승인을 받은 동물실험계획과 그 준수사항을 지켜 동물실험을 실시하여야 한다.

제5조(동물실험계획 승인 등)

① 실험자는 동물실험의 수행 착수 전에 위원회운영규정의 별지 제2호 서식에 따른 동물실험계획서를 위원회에 제출하여 승인을 받아 동물실험을 실시하여야 한다. 다만, 특수한 실험의 수행 또는 질병의 진단 등을 위하여 위원회의 승인을 받은 경우는 예외로 할 수 있다.

② 실험자가 위원회에 승인을 받기 위하여 동물실험계획서를 작성할 때에는 다음 각 호의 사항을

고려하여야 한다.

1. 동물실험의 필요근거

2. 동물실험 및 실험동물 관리 등과 관련하여 동물복지와 동물의 윤리적 취급의 적정성 여부

3. 동물실험의 대체방법 강구 여부

4. 실험동물 종의 선택과 그 수의 적정성 여부

5. 실험동물이 받는 고통과 스트레스의 정도

6. 실험동물의 고통이 수반되는 경우 고통 최소화 방안의 강구

7. 실험동물의 마취 및 안락사 방법의 적정성 여부

8. 실험의 인도적 종료시점 및 그 처리기준 설정의 합리성 여부

9. 동물보호법 제24조의 준수 여부

10. 동물의 윤리적 취급과 실험자의 실험 전문지식 및 훈련 정도

11. 그 밖에 위원회가 실험동물의 보호, 동물의 윤리적 취급과 과학적 사용을 위하여 필요하다고 인정하는 사항

③ 위원회의 승인을 받은 동물실험계획을 부득이 하게 변경하고자 하는 경우에는 위원회운영규정의 별지 제4호 서식에 따른 동물실험계획변경승인신청서를 위원회에 제출하여 승인을 받아야 한다.

제10조(동물실험 수행)

① 동물실험은 검역본부 또는 위원회가 인정하는 교육기관 등에서 실시하는 실험 관련 전문교육•훈련을 이수하였거나 위원회로부터 승인받은 동물실험계획상의 숙련된 실험자가 수행하여야 한다.

② 동물실험은 위원회가 승인한 동물실험계획에 의한 실험과정에 따라 실시하여야 하며, 위원회의 승인 없이는 동물실험의 내용을 임의로 변경하여 수행할 수 없다.

③ 실험자는 동물실험을 수행할 때 그 목적에 지장을 주지 않는 범위 내에서 실험동물에게 주는 고통을 최소화하도록 노력하여야 하며 실험동물에게 쾌적하고 적합한 환경이 제공될 수 있도록 온도•습도 및 환기 등을 별표 2의 동물실험시설 환경기준을 고려하여 적절히 유지•조절해 주어야 한다.

④ 실험동물의 고통을 감소시키기 위한 처치는 전문교육과 훈련을 받은 경험 있는 자에게 의뢰할 수 있다.

제11조(실험종료 후의 처치)

① 실험자는 실험의 종료 또는 중단으로 인하여 실험동물을 처리해야 하는 경우 가능한 한 정상적으로 회복시켜 살 수 있도록 우선 고려하여야 한다. 부득이 실험자가 동물을 처치해야 하는 경우에는 위원회가 승인한 동물실험계획에 의한 방법에 따라 인도적으로 실시하여야 한다. 실험동물을 안락사 시켜야 할 경우 인도적 처리에 관한 전문교육을 받은 숙련자에게 위탁하여 처리하게 할 수 있다.

② 실험자와 사체처리 담당자는 실험동물의 사체를 처리함에 있어서 실험동물의 사체 등에 의한
재해를 방지하고 국민보건과 생활환경을 해치지 않도록 관계법•규정에 따라 적법하게 처리하여야
한다.
③ 실험자는 실험이 종료된 경우 별지 제2호와 제3호 서식에 따른 동물실험종료보고서와
실험동물사체처리내역서를 위원회에 각각 제출하여야 한다.

제14조(동물에 대한 윤리적 배려)
① 시설관리책임자 및 실험자 등 실험동물을 사육관리 하는 자는 실험동물에 대해 윤리적인 배려를
하여야 하며, 동물의 종이나 임신•출산 등 동물의 상태에 적합한 사육관리를 하여야 한다.
② 실험자는 실험동물에게 불필요한 고통을 주지 않도록 배려하여야 한다. 이를 위해 필요한
경우에는 관련 전문가의 조언이나 시설운영자 등의 협조를 구할 수 있다.

제15조(교육•훈련)
① 시설관리책임자는 실험자 등 실험동물 관련 직원에 대하여 실험동물의 윤리적 취급 및 과학적
사용과 동물실험시설의 이용 및 개인 안전 등에 관한 지속적인 교육•훈련의 기회를 제공하여야
한다.
② 동물보호과장은 제1항에 따른 실험동물의 윤리적 취급 및 과학적 사용에 관한 교육프로그램을
운영하여야 한다.

제1조(목적)

이 법은 동물에 대한 학대행위의 방지 등 동물을 적정하게 보호·관리하기 위하여 필요한 사항을 규정함으로써 동물의 생명보호, 안전 보장 및 복지 증진을 꾀하고, 건전하고 책임 있는 사육문화를 조성하여, 동물의 생명 존중 등 국민의 정서를 기르고 사람과 동물의 조화로운 공존에 이바지함을 목적으로 한다.

제2조(정의)

이 법에서 사용하는 용어의 뜻은 다음과 같다.

1. "동물"이란 고통을 느낄 수 있는 신경체계가 발달한 척추동물로서 다음 각 목의 어느 하나에 해당하는 동물을 말한다.

　가. 포유류

　나. 조류

　다. 파충류·양서류·어류 중 농림축산식품부장관이 관계 중앙행정기관의 장과의 협의를 거쳐 대통령령으로 정하는 동물

1의2. "동물학대"란 동물을 대상으로 정당한 사유 없이 불필요하거나 피할 수 있는 신체적 고통과 스트레스를 주는 행위 및 굶주림, 질병 등에 대하여 적절한 조치를 게을리하거나 방치하는 행위를 말한다.

1의3. "반려동물"이란 반려(伴侶) 목적으로 기르는 개, 고양이 등 농림축산식품부령으로 정하는 동물을 말한다.

2. "등록대상동물"이란 동물의 보호, 유실·유기방지, 질병의 관리, 공중위생상의 위해 방지 등을 위하여 등록이 필요하다고 인정하여 대통령령으로 정하는 동물을 말한다.

3. "소유자등"이란 동물의 소유자와 일시적 또는 영구적으로 동물을 사육·관리 또는 보호하는 사람을 말한다.

3의2. "맹견"이란 도사견, 핏불테리어, 로트와일러 등 사람의 생명이나 신체에 위해를 가할 우려가 있는 개로서 농림축산식품부령으로 정하는 개를 말한다.

4. "동물실험"이란 「실험동물에 관한 법률」 제2조제1호에 따른 동물실험을 말한다.

5. "동물실험시행기관"이란 동물실험을 실시하는 법인·단체 또는 기관으로서 대통령령으로 정하는 법인·단체 또는 기관을 말한다.

제3조(동물보호의 기본원칙)

누구든지 동물을 사육·관리 또는 보호할 때에는 다음 각 호의 원칙을 준수하여야 한다.

1. 동물이 본래의 습성과 신체의 원형을 유지하면서 정상적으로 살 수 있도록 할 것

2. 동물이 갈증 및 굶주림을 겪거나 영양이 결핍되지 아니하도록 할 것

3. 동물이 정상적인 행동을 표현할 수 있고 불편함을 겪지 아니하도록 할 것

4. 동물이 고통·상해 및 질병으로부터 자유롭도록 할 것

5. 동물이 공포와 스트레스를 받지 아니하도록 할 것

제4조(국가·지방자치단체 및 국민의 책무)

① 국가는 동물의 적정한 보호·관리를 위하여 5년마다 다음 각 호의 사항이 포함된

동물복지종합계획을 수립·시행하여야 하며, 지방자치단체는 국가의 계획에 적극 협조하여야 한다.

  1. 동물학대 방지와 동물복지에 관한 기본방침

  2. 다음 각 목에 해당하는 동물의 관리에 관한 사항

    가. 도로·공원 등의 공공장소에서 소유자등이 없이 배회하거나 내버려진 동물(이하

    "유실·유기동물"이라 한다)

    나. 제8조제2항에 따른 학대를 받은 동물(이하 "피학대 동물"이라 한다)

  3. 동물실험시행기관 및 제25조의 동물실험윤리위원회의 운영 등에 관한 사항

  4. 동물학대 방지, 동물복지, 유실·유기동물의 입양 및 동물실험윤리 등의 교육·홍보에 관한

  사항

  5. 동물복지 축산의 확대와 동물복지축산농장 지원에 관한 사항

  6. 그 밖에 동물학대 방지와 반려동물 운동·휴식시설 등 동물복지에 필요한 사항

② 특별시장·광역시장·도지사 및 특별자치도지사·특별자치시장(이하 "시·도지사"라 한다)은

제1항에 따른 종합계획에 따라 5년마다 특별시·광역시·도·특별자치도·특별자치시(이하

"시·도"라 한다) 단위의 동물복지계획을 수립하여야 하고, 이를 농림축산식품부장관에게 통보하여야

한다.

③ 국가와 지방자치단체는 제1항 및 제2항에 따른 사업을 적정하게 수행하기 위한 인력·예산 등을

확보하기 위하여 노력하여야 하며, 국가는 동물의 적정한 보호·관리, 복지업무 추진을 위하여

지방자치단체에 필요한 사업비의 전부나 일부를 예산의 범위에서 지원할 수 있다.

④ 국가와 지방자치단체는 대통령령으로 정하는 민간단체에 동물보호운동이나 그 밖에 이와 관련된

활동을 권장하거나 필요한 지원을 할 수 있다.

⑤ 모든 국민은 동물을 보호하기 위한 국가와 지방자치단체의 시책에 적극 협조하는 등 동물의

보호를 위하여 노력하여야 한다.

제5조(동물복지위원회)

① 농림축산식품부장관의 다음 각 호의 자문에 응하도록 하기 위하여 농림축산식품부에

동물복지위원회를 둔다.

    1. 제4조에 따른 종합계획의 수립·시행에 관한 사항

    2. 제28조에 따른 동물실험윤리위원회의 구성 등에 대한 지도·감독에 관한 사항

    3. 제29조에 따른 동물복지축산농장의 인증과 동물복지축산정책에 관한 사항

    4. 그 밖에 동물의 학대방지·구조 및 보호 등 동물복지에 관한 사항

② 동물복지위원회는 위원장 1명을 포함하여 10명 이내의 위원으로 구성한다.

③ 위원은 다음 각 호에 해당하는 사람 중에서 농림축산식품부장관이 위촉하며, 위원장은 위원
중에서 호선한다.

    1. 수의사로서 동물보호 및 동물복지에 대한 학식과 경험이 풍부한 사람

    2. 동물복지정책에 관한 학식과 경험이 풍부한 자로서 제4조제4항에 해당하는 민간단체의 추천을
    받은 사람

    3. 그 밖에 동물복지정책에 관한 전문지식을 가진 사람으로서 농림축산식품부령으로 정하는
    자격기준에 맞는 사람

④ 그 밖에 동물복지위원회의 구성·운영 등에 관한 사항은 대통령령으로 정한다.

제6조(다른 법률과의 관계)

동물의 보호 및 이용·관리 등에 대하여 다른 법률에 특별한 규정이 있는 경우를 제외하고는 이
법에서 정하는 바에 따른다.

제7조(적정한 사육·관리)

① 소유자등은 동물에게 적합한 사료와 물을 공급하고, 운동·휴식 및 수면이 보장되도록
노력하여야 한다.

② 소유자등은 동물이 질병에 걸리거나 부상당한 경우에는 신속하게 치료하거나 그 밖에 필요한
조치를 하도록 노력하여야 한다.

③ 소유자등은 동물을 관리하거나 다른 장소로 옮긴 경우에는 그 동물이 새로운 환경에 적응하는
데에 필요한 조치를 하도록 노력하여야 한다.

④ 제1항부터 제3항까지에서 규정한 사항 외에 동물의 적절한 사육·관리 방법 등에 관한 사항은
농림축산식품부령으로 정한다.

제8조(동물학대 등의 금지)

① 누구든지 동물에 대하여 다음 각 호의 행위를 하여서는 아니 된다.

    1. 목을 매다는 등의 잔인한 방법으로 죽음에 이르게 하는 행위

    2. 노상 등 공개된 장소에서 죽이거나 같은 종류의 다른 동물이 보는 앞에서 죽음에 이르게 하는
    행위

    3. 고의로 사료 또는 물을 주지 아니하는 행위로 인하여 동물을 죽음에 이르게 하는 행위

4. 그 밖에 수의학적 처치의 필요, 동물로 인한 사람의 생명·신체·재산의 피해 등
농림축산식품부령으로 정하는 정당한 사유 없이 죽음에 이르게 하는 행위

② 누구든지 동물에 대하여 다음 각 호의 학대행위를 하여서는 아니 된다.

1. 도구·약물 등 물리적·화학적 방법을 사용하여 상해를 입히는 행위. 다만, 질병의 예방이나
치료 등 농림축산식품부령으로 정하는 경우는 제외한다.

2. 살아 있는 상태에서 동물의 신체를 손상하거나 체액을 채취하거나 체액을 채취하기 위한
장치를 설치하는 행위. 다만, 질병의 치료 및 동물실험 등 농림축산식품부령으로 정하는 경우는
제외한다.

3. 도박·광고·오락·유흥 등의 목적으로 동물에게 상해를 입히는 행위. 다만, 민속경기 등
농림축산식품부령으로 정하는 경우는 제외한다.

3의2. 반려동물에게 최소한의 사육공간 제공 등 농림축산식품부령으로 정하는 사육·관리 의무를
위반하여 상해를 입히거나 질병을 유발시키는 행위

4. 그 밖에 수의학적 처치의 필요, 동물로 인한 사람의 생명·신체·재산의 피해 등
농림축산식품부령으로 정하는 정당한 사유 없이 신체적 고통을 주거나 상해를 입히는 행위

③ 누구든지 다음 각 호에 해당하는 동물에 대하여 포획하여 판매하거나 죽이는 행위, 판매하거나
죽일 목적으로 포획하는 행위 또는 다음 각 호에 해당하는 동물임을 알면서도 알선·구매하는
행위를 하여서는 아니 된다.

1. 유실·유기동물

2. 피학대 동물 중 소유자를 알 수 없는 동물

④ 소유자등은 동물을 유기(遺棄)하여서는 아니 된다.

⑤ 누구든지 다음 각 호의 행위를 하여서는 아니 된다.

1. 제1항부터 제3항까지에 해당하는 행위를 촬영한 사진 또는 영상물을
판매·전시·전달·상영하거나 인터넷에 게재하는 행위. 다만, 동물보호 의식을 고양시키기 위한
목적이 표시된 홍보 활동 등 농림축산식품부령으로 정하는 경우에는 그러하지 아니하다.

2. 도박을 목적으로 동물을 이용하는 행위 또는 동물을 이용하는 도박을 행할 목적으로
광고·선전하는 행위. 다만, 「사행산업통합감독위원회법」 제2조제1호에 따른 사행산업은
제외한다.

3. 도박·시합·복권·오락·유흥·광고 등의 상이나 경품으로 동물을 제공하는 행위

4. 영리를 목적으로 동물을 대여하는 행위. 다만, 「장애인복지법」 제40조에 따른 장애인 보조견의
대여 등 농림축산식품부령으로 정하는 경우는 제외한다.

제9조(동물의 운송)

① 동물을 운송하는 자 중 농림축산식품부령으로 정하는 자는 다음 각 호의 사항을 준수하여야 한다.

1. 운송 중인 동물에게 적합한 사료와 물을 공급하고, 급격한 출발·제동 등으로 충격과 상해를
입지 아니하도록 할 것

2. 동물을 운송하는 차량은 동물이 운송 중에 상해를 입지 아니하고, 급격한 체온 변화, 호흡곤란 등으로 인한 고통을 최소화할 수 있는 구조로 되어 있을 것

3. 병든 동물, 어린 동물 또는 임신 중이거나 젖먹이가 딸린 동물을 운송할 때에는 함께 운송 중인 다른 동물에 의하여 상해를 입지 아니하도록 칸막이의 설치 등 필요한 조치를 할 것

4. 동물을 싣고 내리는 과정에서 동물이 들어있는 운송용 우리를 던지거나 떨어뜨려서 동물을 다치게 하는 행위를 하지 아니할 것

5. 운송을 위하여 전기(電氣) 몰이도구를 사용하지 아니할 것

② 농림축산식품부장관은 제1항제2호에 따른 동물 운송 차량의 구조 및 설비기준을 정하고 이에 맞는 차량을 사용하도록 권장할 수 있다.

③ 농림축산식품부장관은 제1항과 제2항에서 규정한 사항 외에 동물 운송에 관하여 필요한 사항을 정하여 권장할 수 있다.

제9조의2(반려동물 전달 방법)

제32조제1항의 동물을 판매하려는 자는 해당 동물을 구매자에게 직접 전달하거나 제9조제1항을 준수하는 동물 운송업자를 통하여 배송하여야 한다.

제10조(동물의 도살방법)

① 모든 동물은 혐오감을 주거나 잔인한 방법으로 도살되어서는 아니 되며, 도살과정에 불필요한 고통이나 공포, 스트레스를 주어서는 아니 된다.

②「축산물위생관리법」또는「가축전염병예방법」에 따라 동물을 죽이는 경우에는 가스법·전살법(電殺法) 등 농림축산식품부령으로 정하는 방법을 이용하여 고통을 최소화하여야 하며, 반드시 의식이 없는 상태에서 다음 도살 단계로 넘어가야 한다. 매몰을 하는 경우에도 또한 같다.

③ 제1항 및 제2항의 경우 외에도 동물을 불가피하게 죽여야 하는 경우에는 고통을 최소화할 수 있는 방법에 따라야 한다.

제11조(동물의 수술)

거세, 뿔 없애기, 꼬리 자르기 등 동물에 대한 외과적 수술을 하는 사람은 수의학적 방법에 따라야 한다.

제12조(등록대상동물의 등록 등)

① 등록대상동물의 소유자는 동물의 보호와 유실·유기방지 등을 위하여 시장·군수·구청장(자치구의 구청장을 말한다. 이하 같다)·특별자치시장(이하 "시장·군수·구청장"이라 한다)에게 등록대상동물을 등록하여야 한다. 다만, 등록대상동물이 맹견이 아닌 경우로서 농림축산식품부령으로 정하는 바에 따라 시·도의 조례로 정하는 지역에서는 그러하지 아니하다.

② 제1항에 따라 등록된 등록대상동물의 소유자는 다음 각 호의 어느 하나에 해당하는 경우에는 해당 각 호의 구분에 따른 기간에 시장·군수·구청장에게 신고하여야 한다.
  1. 등록대상동물을 잃어버린 경우에는 등록대상동물을 잃어버린 날부터 10일 이내
  2. 등록대상동물에 대하여 농림축산식품부령으로 정하는 사항이 변경된 경우에는 변경 사유 발생일부터 30일 이내
③ 제1항에 따른 등록대상동물의 소유권을 이전받은 자 중 제1항에 따른 등록을 실시하는 지역에 거주하는 자는 그 사실을 소유권을 이전받은 날부터 30일 이내에 자신의 주소지를 관할하는 시장·군수·구청장에게 신고하여야 한다.
④ 시장·군수·구청장은 농림축산식품부령으로 정하는 자(이하 이 조에서 "동물등록대행자"라 한다)로 하여금 제1항부터 제3항까지의 규정에 따른 업무를 대행하게 할 수 있다. 이 경우 그에 따른 수수료를 지급할 수 있다.
⑤ 등록대상동물의 등록 사항 및 방법·절차, 변경신고 절차, 동물등록대행자 준수사항 등에 관한 사항은 농림축산식품부령으로 정하며, 그 밖에 등록에 필요한 사항은 시·도의 조례로 정한다.

제14조(동물의 구조·보호)
① 시·도지사(특별자치시장은 제외한다. 이하 이 조, 제15조, 제17조부터 제19조까지, 제21조, 제29조, 제38조의2, 제39조부터 제41조까지, 제41조의2, 제43조, 제45조 및 제47조에서 같다)와 시장·군수·구청장은 다음 각 호의 어느 하나에 해당하는 동물을 발견한 때에는 그 동물을 구조하여 제7조에 따라 치료·보호에 필요한 조치(이하 "보호조치"라 한다)를 하여야 하며, 제2호 및 제3호에 해당하는 동물은 학대 재발 방지를 위하여 학대행위자로부터 격리하여야 한다. 다만, 제1호에 해당하는 동물 중 농림축산식품부령으로 정하는 동물은 구조·보호조치의 대상에서 제외한다.
  1. 유실·유기동물
  2. 피학대 동물 중 소유자를 알 수 없는 동물
  3. 소유자로부터 제8조제2항에 따른 학대를 받아 적정하게 치료·보호받을 수 없다고 판단되는 동물
② 시·도지사와 시장·군수·구청장이 제1항제1호 및 제2호에 해당하는 동물에 대하여 보호조치 중인 경우에는 그 동물의 등록 여부를 확인하여야 하고, 등록된 동물인 경우에는 지체 없이 동물의 소유자에게 보호조치 중인 사실을 통보하여야 한다.
③ 시·도지사와 시장·군수·구청장이 제1항제3호에 따른 동물을 보호할 때에는 농림축산식품부령으로 정하는 바에 따라 기간을 정하여 해당 동물에 대한 보호조치를 하여야 한다.
④ 시·도지사와 시장·군수·구청장은 제1항 각 호 외의 부분 단서에 해당하는 동물에 대하여도 보호·관리를 위하여 필요한 조치를 취할 수 있다.

제15조(동물보호센터의 설치·지정 등)
① 시·도지사와 시장·군수·구청장은 제14조에 따른 동물의 구조·보호조치 등을 위하여

농림축산식품부령으로 정하는 기준에 맞는 동물보호센터를 설치·운영할 수 있다.

② 시·도지사와 시장·군수·구청장은 제1항에 따른 동물보호센터를 직접 설치·운영하도록 노력하여야 한다.

③ 농림축산식품부장관은 제1항에 따라 시·도지사 또는 시장·군수·구청장이 설치·운영하는 동물보호센터의 설치·운영에 드는 비용의 전부 또는 일부를 지원할 수 있다.

④ 시·도지사 또는 시장·군수·구청장은 농림축산식품부령으로 정하는 기준에 맞는 기관이나 단체를 동물보호센터로 지정하여 제14조에 따른 동물의 구조·보호조치 등을 하게 할 수 있다.

⑤ 제4항에 따른 동물보호센터로 지정받으려는 자는 농림축산식품부령으로 정하는 바에 따라 시·도지사 또는 시장·군수·구청장에게 신청하여야 한다.

⑥ 시·도지사 또는 시장·군수·구청장은 제4항에 따른 동물보호센터에 동물의 구조·보호조치 등에 드는 비용(이하 "보호비용"이라 한다)의 전부 또는 일부를 지원할 수 있으며, 보호비용의 지급절차와 그 밖에 필요한 사항은 농림축산식품부령으로 정한다.

⑦ 시·도지사 또는 시장·군수·구청장은 제4항에 따라 지정된 동물보호센터가 다음 각 호의 어느 하나에 해당하는 경우에는 그 지정을 취소할 수 있다. 다만, 제1호에 해당하는 경우에는 지정을 취소하여야 한다.

  1. 거짓이나 그 밖의 부정한 방법으로 지정을 받은 경우

  2. 제4항에 따른 지정기준에 맞지 아니하게 된 경우

  3. 제6항에 따른 보호비용을 거짓으로 청구한 경우

  4. 제8조제1항부터 제3항까지의 규정을 위반한 경우

  5. 제22조를 위반한 경우

  6. 제39조제1항제3호의 시정명령을 위반한 경우

  7. 특별한 사유 없이 유실·유기동물 및 피학대 동물에 대한 보호조치를 3회 이상 거부한 경우

  8. 보호 중인 동물을 영리를 목적으로 분양하는 경우

⑧ 시·도지사 또는 시장·군수·구청장은 제7항에 따라 지정이 취소된 기관이나 단체를 지정이 취소된 날부터 1년 이내에는 다시 동물보호센터로 지정하여서는 아니 된다. 다만, 제7항제4호에 따라 지정이 취소된 기관이나 단체는 지정이 취소된 날부터 2년 이내에는 다시 동물보호센터로 지정하여서는 아니 된다.

⑨ 동물보호센터 운영의 공정성과 투명성을 확보하기 위하여 농림축산식품부령으로 정하는 일정규모 이상의 동물보호센터는 농림축산식품부령으로 정하는 바에 따라 운영위원회를 구성·운영하여야 한다.

⑩ 제1항 및 제4항에 따른 동물보호센터의 준수사항 등에 관한 사항은 농림축산식품부령으로 정하고, 지정절차 및 보호조치의 구체적인 내용 등 그 밖에 필요한 사항은 시·도의 조례로 정한다.

제16조(신고 등)

① 누구든지 다음 각 호의 어느 하나에 해당하는 동물을 발견한 때에는 관할 지방자치단체의 장 또는

동물보호센터에 신고할 수 있다.

  1. 제8조에서 금지한 학대를 받는 동물

  2. 유실·유기동물

② 다음 각 호의 어느 하나에 해당하는 자가 그 직무상 제1항에 따른 동물을 발견한 때에는 지체 없이 관할 지방자치단체의 장 또는 동물보호센터에 신고하여야 한다.

  1. 제4조제4항에 따른 민간단체의 임원 및 회원

  2. 제15조제1항에 따라 설치되거나 같은 조 제4항에 따라 동물보호센터로 지정된 기관이나 단체의 장 및 그 종사자

  3. 제25조제1항에 따라 동물실험윤리위원회를 설치한 동물실험시행기관의 장 및 그 종사자

  4. 제27조제2항에 따른 동물실험윤리위원회의 위원

  5. 제29조제1항에 따라 동물복지축산농장으로 인증을 받은 자

  6. 제33조제1항에 따라 영업등록을 하거나 제34조제1항에 따라 영업허가를 받은 자 및 그 종사자

  7. 수의사, 동물병원의 장 및 그 종사자

③ 신고인의 신분은 보장되어야 하며 그 의사에 반하여 신원이 노출되어서는 아니 된다.

제17조(공고)

시·도지사와 시장·군수·구청장은 제14조제1항제1호 및 제2호에 따른 동물을 보호하고 있는 경우에는 소유자등이 보호조치 사실을 알 수 있도록 대통령령으로 정하는 바에 따라 지체 없이 7일 이상 그 사실을 공고하여야 한다.

제18조(동물의 반환 등)

① 시·도지사와 시장·군수·구청장은 다음 각 호의 어느 하나에 해당하는 사유가 발생한 경우에는 제14조에 해당하는 동물을 그 동물의 소유자에게 반환하여야 한다.

  1. 제14조제1항제1호 및 제2호에 해당하는 동물이 보호조치 중에 있고, 소유자가 그 동물에 대하여 반환을 요구하는 경우

  2. 제14조제3항에 따른 보호기간이 지난 후, 보호조치 중인 제14조제1항제3호의 동물에 대하여 소유자가 제19조제2항에 따라 보호비용을 부담하고 반환을 요구하는 경우

② 시·도지사와 시장·군수·구청장은 제1항제2호에 해당하는 동물의 반환과 관련하여 동물의 소유자에게 보호기간, 보호비용 납부기한 및 면제 등에 관한 사항을 알려야 한다.

제19조(보호비용의 부담)

① 시·도지사와 시장·군수·구청장은 제14조제1항제1호 및 제2호에 해당하는 동물의 보호비용을 소유자 또는 제21조제1항에 따라 분양을 받는 자에게 청구할 수 있다.

② 제14조제1항제3호에 해당하는 동물의 보호비용은 농림축산식품부령으로 정하는 바에 따라 납부기한까지 그 동물의 소유자가 내야 한다. 이 경우 시·도지사와 시장·군수·구청장은 동물의

소유자가 제20조제2호에 따라 그 동물의 소유권을 포기한 경우에는 보호비용의 전부 또는 일부를 면제할 수 있다.

③ 제1항 및 제2항에 따른 보호비용의 징수에 관한 사항은 대통령령으로 정하고, 보호비용의 산정 기준에 관한 사항은 농림축산식품부령으로 정하는 범위에서 해당 시·도의 조례로 정한다.

제20조(동물의 소유권 취득)

시·도와 시·군·구가 동물의 소유권을 취득할 수 있는 경우는 다음 각 호와 같다.

1. 「유실물법」 제12조 및 「민법」 제253조에도 불구하고 제17조에 따라 공고한 날부터 10일이 지나도 동물의 소유자등을 알 수 없는 경우

2. 제14조제1항제3호에 해당하는 동물의 소유자가 그 동물의 소유권을 포기한 경우

3. 제14조제1항제3호에 해당하는 동물의 소유자가 제19조제2항에 따른 보호비용의 납부기한이 종료된 날부터 10일이 지나도 보호비용을 납부하지 아니한 경우

4. 동물의 소유자를 확인한 날부터 10일이 지나도 정당한 사유 없이 동물의 소유자와 연락이 되지 아니하거나 소유자가 반환받을 의사를 표시하지 아니한 경우

제21조(동물의 분양·기증)

① 시·도지사와 시장·군수·구청장은 제20조에 따라 소유권을 취득한 동물이 적정하게 사육·관리될 수 있도록 시·도의 조례로 정하는 바에 따라 동물원, 동물을 애호하는 자(시·도의 조례로 정하는 자격요건을 갖춘 자로 한정한다)나 대통령령으로 정하는 민간단체 등에 기증하거나 분양할 수 있다.

② 시·도지사와 시장·군수·구청장은 제20조에 따라 소유권을 취득한 동물에 대하여는 제1항에 따라 분양될 수 있도록 공고할 수 있다.

③ 제1항에 따른 기증·분양의 요건 및 절차 등 그 밖에 필요한 사항은 시·도의 조례로 정한다.

제22조(동물의 인도적인 처리 등)

① 제15조제1항 및 제4항에 따른 동물보호센터의 장 및 운영자는 제14조제1항에 따라 보호조치 중인 동물에게 질병 등 농림축산식품부령으로 정하는 사유가 있는 경우에는 농림축산식품부장관이 정하는 바에 따라 인도적인 방법으로 처리하여야 한다.

② 제1항에 따른 인도적인 방법에 따른 처리는 수의사에 의하여 시행되어야 한다.

③ 동물보호센터의 장은 제1항에 따라 동물의 사체가 발생한 경우 「폐기물관리법」에 따라 처리하거나 제33조에 따라 동물장묘업의 등록을 한 자가 설치·운영하는 동물장묘시설에서 처리하여야 한다.

제23조(동물실험의 원칙)

① 동물실험은 인류의 복지 증진과 동물 생명의 존엄성을 고려하여 실시하여야 한다.

② 동물실험을 하려는 경우에는 이를 대체할 수 있는 방법을 우선적으로 고려하여야 한다.

③ 동물실험은 실험에 사용하는 동물(이하 "실험동물"이라 한다)의 윤리적 취급과 과학적 사용에 관한 지식과 경험을 보유한 자가 시행하여야 하며 필요한 최소한의 동물을 사용하여야 한다.

④ 실험동물의 고통이 수반되는 실험은 감각능력이 낮은 동물을 사용하고 진통·진정·마취제의 사용 등 수의학적 방법에 따라 고통을 덜어주기 위한 적절한 조치를 하여야 한다.

⑤ 동물실험을 한 자는 그 실험이 끝난 후 지체 없이 해당 동물을 검사하여야 하며, 검사 결과 정상적으로 회복한 동물은 분양하거나 기증할 수 있다.

⑥ 제5항에 따른 검사 결과 해당 동물이 회복할 수 없거나 지속적으로 고통을 받으며 살아야 할 것으로 인정되는 경우에는 신속하게 고통을 주지 아니하는 방법으로 처리하여야 한다.

⑦ 제1항부터 제6항까지에서 규정한 사항 외에 동물실험의 원칙에 관하여 필요한 사항은 농림축산식품부장관이 정하여 고시한다.

제24조(동물실험의 금지 등)

누구든지 다음 각 호의 동물실험을 하여서는 아니 된다. 다만, 해당 동물종(種)의 건강, 질병관리연구 등 농림축산식품부령으로 정하는 불가피한 사유로 농림축산식품부령으로 정하는 바에 따라 승인을 받은 경우에는 그러하지 아니하다.

1. 유실·유기동물(보호조치 중인 동물을 포함한다)을 대상으로 하는 실험

2. 「장애인복지법」 제40조에 따른 장애인 보조견 등 사람이나 국가를 위하여 봉사하고 있거나 봉사한 동물로서 대통령령으로 정하는 동물을 대상으로 하는 실험

제24조의2(미성년자 동물 해부실습의 금지)

누구든지 미성년자(19세 미만의 사람을 말한다. 이하 같다)에게 체험·교육·시험·연구 등의 목적으로 동물(사체를 포함한다) 해부실습을 하게 하여서는 아니 된다. 다만, 「초·중등교육법」 제2조에 따른 학교 또는 동물실험시행기관 등이 시행하는 경우 등 농림축산식품부령으로 정하는 경우에는 그러하지 아니하다.

제25조(동물실험윤리위원회의 설치 등)

① 동물실험시행기관의 장은 실험동물의 보호와 윤리적인 취급을 위하여 제27조에 따라 동물실험윤리위원회(이하 "윤리위원회"라 한다)를 설치·운영하여야 한다. 다만, 동물실험시행기관에 「실험동물에 관한 법률」 제7조에 따른 실험동물운영위원회가 설치되어 있고, 그 위원회의 구성이 제27조제2항부터 제4항까지에 규정된 요건을 충족할 경우에는 해당 위원회를 윤리위원회로 본다.

② 농림축산식품부령으로 정하는 일정 기준 이하의 동물실험시행기관은 다른 동물실험시행기관과 공동으로 농림축산식품부령으로 정하는 바에 따라 윤리위원회를 설치·운영할 수 있다.

③ 동물실험시행기관의 장은 동물실험을 하려면 윤리위원회의 심의를 거쳐야 한다.

제26조(윤리위원회의 기능 등)

① 윤리위원회는 다음 각 호의 기능을 수행한다.

　　1. 동물실험에 대한 심의

　　2. 동물실험이 제23조의 원칙에 맞게 시행되도록 지도·감독

　　3. 동물실험시행기관의 장에게 실험동물의 보호와 윤리적인 취급을 위하여 필요한 조치 요구

② 윤리위원회의 심의대상인 동물실험에 관여하고 있는 위원은 해당 동물실험에 관한 심의에
참여하여서는 아니 된다.

③ 윤리위원회의 위원은 그 직무를 수행하면서 알게 된 비밀을 누설하거나 도용하여서는 아니 된다.

④ 제1항에 따른 지도·감독의 방법과 그 밖에 윤리위원회의 운영 등에 관한 사항은 대통령령으로
정한다.

제27조(윤리위원회의 구성)

① 윤리위원회는 위원장 1명을 포함하여 3명 이상 15명 이하의 위원으로 구성한다.

② 위원은 다음 각 호에 해당하는 사람 중에서 동물실험시행기관의 장이 위촉하며, 위원장은 위원
중에서 호선(互選)한다. 다만, 제25조제2항에 따라 구성된 윤리위원회의 위원은 해당
동물실험시행기관의 장들이 공동으로 위촉한다.

　　1. 수의사로서 농림축산식품부령으로 정하는 자격기준에 맞는 사람

　　2. 제4조제4항에 따른 민간단체가 추천하는 동물보호에 관한 학식과 경험이 풍부한 사람으로서
　　농림축산식품부령으로 정하는 자격기준에 맞는 사람

　　3. 그 밖에 실험동물의 보호와 윤리적인 취급을 도모하기 위하여 필요한 사람으로서
　　농림축산식품부령으로 정하는 사람

③ 윤리위원회에는 제2항제1호 및 제2호에 해당하는 위원을 각각 1명 이상 포함하여야 한다.

④ 윤리위원회를 구성하는 위원의 3분의 1 이상은 해당 동물실험시행기관과 이해관계가 없는
사람이어야 한다.

⑤ 위원의 임기는 2년으로 한다.

⑥ 그 밖에 윤리위원회의 구성 및 이해관계의 범위 등에 관한 사항은 농림축산식품부령으로 정한다.

제28조(윤리위원회의 구성 등에 대한 지도·감독)

① 농림축산식품부장관은 제25조제1항 및 제2항에 따라 윤리위원회를 설치한 동물실험시행기관의
장에게 제26조 및 제27조에 따른 윤리위원회의 구성·운영 등에 관하여 지도·감독을 할 수 있다.

② 농림축산식품부장관은 윤리위원회가 제26조 및 제27조에 따라 구성·운영되지 아니할 때에는
해당 동물실험시행기관의 장에게 대통령령으로 정하는 바에 따라 기간을 정하여 해당 윤리위원회의
구성·운영 등에 대한 개선명령을 할 수 있다.

제4장 동물복지축산농장의 인증

제29조(동물복지축산농장의 인증)

① 농림축산식품부장관은 동물복지 증진에 이바지하기 위하여 「축산물위생관리법」 제2조제1호에 따른 가축으로서 농림축산식품부령으로 정하는 동물이 본래의 습성 등을 유지하면서 정상적으로 살 수 있도록 관리하는 축산농장을 동물복지축산농장으로 인증할 수 있다.

② 제1항에 따라 인증을 받으려는 자는 농림축산식품부령으로 정하는 바에 따라 농림축산식품부장관에게 신청하여야 한다.

③ 농림축산식품부장관은 동물복지축산농장으로 인증된 축산농장에 대하여 다음 각 호의 지원을 할 수 있다.

  1. 동물의 보호 및 복지 증진을 위하여 축사시설 개선에 필요한 비용

  2. 동물복지축산농장의 환경개선 및 경영에 관한 지도·상담 및 교육

④ 농림축산식품부장관은 동물복지축산농장으로 인증을 받은 자가 거짓이나 그 밖의 부정한 방법으로 인증을 받은 경우 그 인증을 취소하여야 하고, 제7항에 따른 인증기준에 맞지 아니하게 된 경우 그 인증을 취소할 수 있다.

⑤ 제4항에 따라 인증이 취소된 자(법인인 경우에는 그 대표자를 포함한다)는 그 인증이 취소된 날부터 1년 이내에는 제1항에 따른 동물복지축산농장 인증을 신청할 수 없다.

⑥ 농림축산식품부장관, 시·도지사, 시장·군수·구청장, 「축산자조금의 조성 및 운용에 관한 법률」 제2조제3호에 따른 축산단체, 제4조제4항에 따른 민간단체는 동물복지축산농장의 운영사례를 교육·홍보에 적극 활용하여야 한다.

⑦ 제1항부터 제6항까지에서 규정한 사항 외에 동물복지축산농장의 인증 기준·절차 및 인증농장의 표시 등에 관한 사항은 농림축산식품부령으로 정한다.

제30조(부정행위의 금지)

누구든지 다음 각 호에 해당하는 행위를 하여서는 아니 된다.

1. 거짓이나 그 밖의 부정한 방법으로 동물복지축산농장 인증을 받은 행위

2. 제29조에 따른 인증을 받지 아니한 축산농장을 동물복지축산농장으로 표시하는 행위

제31조(인증의 승계)

① 다음 각 호의 어느 하나에 해당하는 자는 동물복지축산농장 인증을 받은 자의 지위를 승계한다.

  1. 동물복지축산농장 인증을 받은 사람이 사망한 경우 그 농장을 계속하여 운영하려는 상속인

  2. 동물복지축산농장 인증을 받은 사람이 그 사업을 양도한 경우 그 양수인

  3. 동물복지축산농장 인증을 받은 법인이 합병한 경우 합병 후 존속하는 법인이나 합병으로 설립되는 법인

② 제1항에 따라 동물복지축산농장 인증을 받은 자의 지위를 승계한 자는 30일 이내에 농림축산식품부장관에게 신고하여야 한다.

③ 제2항에 따른 신고에 필요한 사항은 농림축산식품부령으로 정한다.

제32조(영업의 종류 및 시설기준 등)
① 반려동물과 관련된 다음 각 호의 영업을 하려는 자는 농림축산식품부령으로 정하는 기준에 맞는 시설과 인력을 갖추어야 한다.

   1. 동물장묘업(動物葬墓業)

   2. 동물판매업

   3. 동물수입업

   4. 동물생산업

   5. 동물전시업

   6. 동물위탁관리업

   7. 동물미용업

   8. 동물운송업

② 제1항 각 호에 따른 영업의 세부 범위는 농림축산식품부령으로 정한다.

제40조(동물보호감시원)
① 농림축산식품부장관(대통령령으로 정하는 소속 기관의 장을 포함한다), 시·도지사 및 시장·군수·구청장은 동물의 학대 방지 등 동물보호에 관한 사무를 처리하기 위하여 소속 공무원 중에서 동물보호감시원을 지정하여야 한다.
② 제1항에 따른 동물보호감시원(이하 "동물보호감시원"이라 한다)의 자격, 임명, 직무 범위 등에 관한 사항은 대통령령으로 정한다.
③ 동물보호감시원이 제2항에 따른 직무를 수행할 때에는 농림축산식품부령으로 정하는 증표를 지니고 이를 관계인에게 보여주어야 한다.
④ 누구든지 동물의 특성에 따른 출산, 질병 치료 등 부득이한 사유가 없으면 제2항에 따른 동물보호감시원의 직무 수행을 거부·방해 또는 기피하여서는 아니 된다.

제41조(동물보호명예감시원)
① 농림축산식품부장관, 시·도지사 및 시장·군수·구청장은 동물의 학대 방지 등 동물보호를 위한 지도·계몽 등을 위하여 동물보호명예감시원을 위촉할 수 있다.
② 제1항에 따른 동물보호명예감시원(이하 "명예감시원"이라 한다)의 자격, 위촉, 해촉, 직무, 활동 범위와 수당의 지급 등에 관한 사항은 대통령령으로 정한다.
③ 명예감시원은 제2항에 따른 직무를 수행할 때에는 부정한 행위를 하거나 권한을 남용하여서는 아니 된다.
④ 명예감시원이 그 직무를 수행하는 경우에는 신분을 표시하는 증표를 지니고 이를 관계인에게 보여주어야 한다.

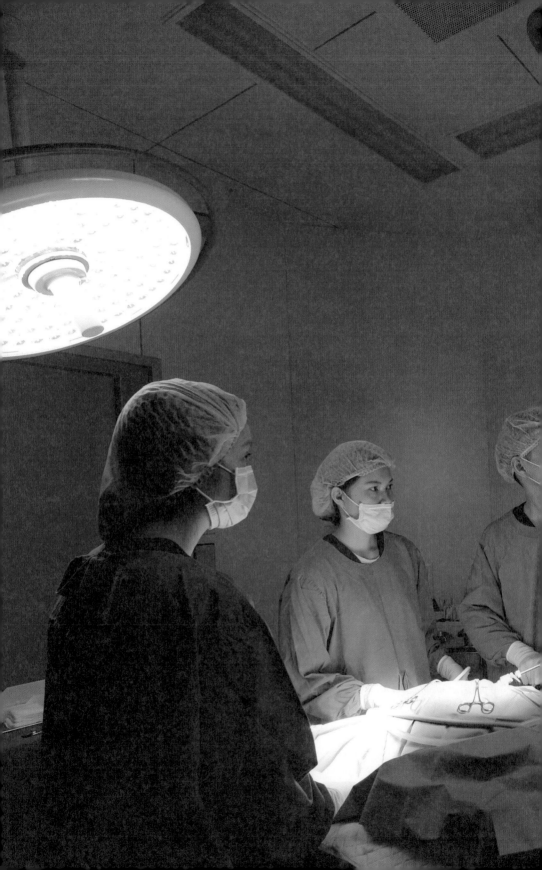

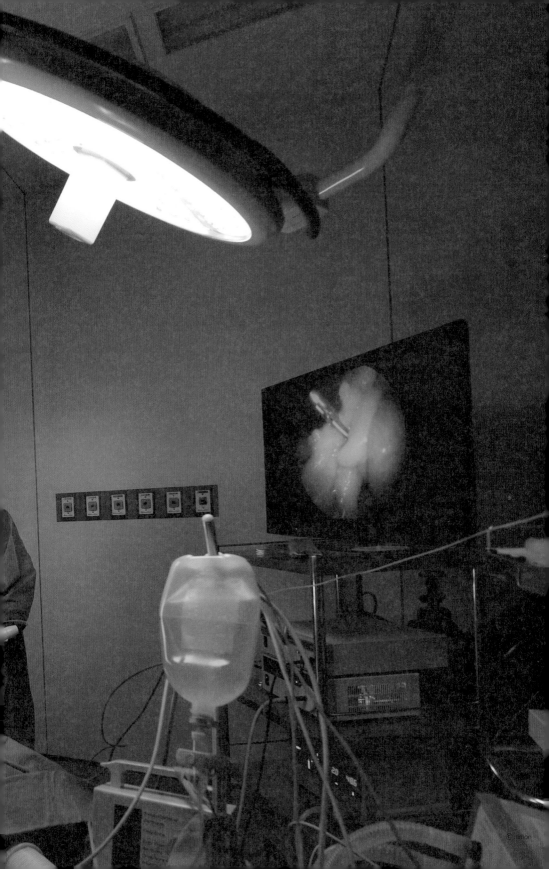

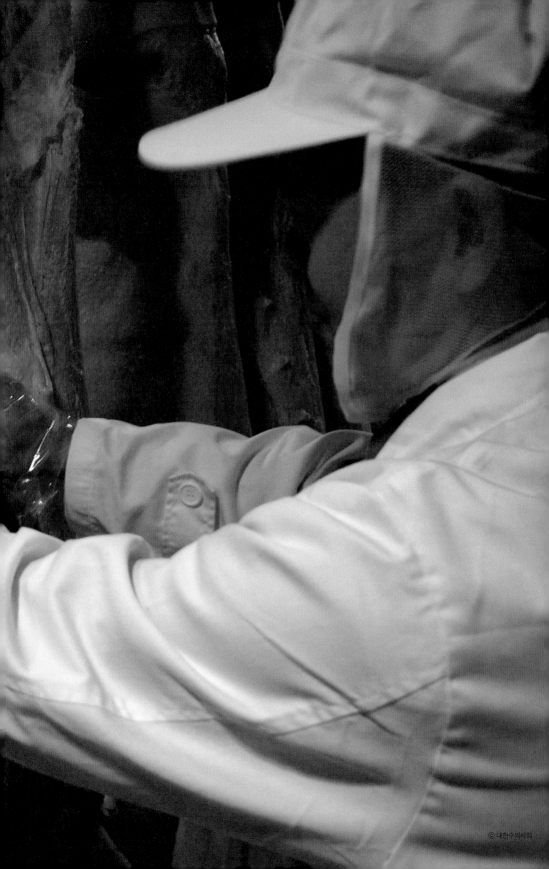

행복한 직업 찾기
나의 직업 수의사

초판 1쇄 인쇄 2014년 3월 10일
개정판 1쇄 인쇄 2020년 11월 30일

개정2판 1쇄 인쇄 2021년 12월 20일
개정2판 1쇄 발행 2021년 12월 25일

글　　　　｜꿈디자인LAB
펴 낸 곳 ｜동천출판
사　　 진 ｜대한수의사회, 위드펫 종합동물병원,
　　　　　 Pixabay, shutterstock.

등　　 록 ｜2013년 4월 9일 제319-2013-25호
주　　 소 ｜서울특별시 서초구 효령로 60길 15(서초동, 202호)
전화번호 ｜(02) 588 - 8485
팩　　 스 ｜(02) 583 - 8480
전자우편 ｜dongcheon35@naver.com

값 18,000원
ISBN　　 979-11-85488-68-4 (44370)
　　　　　 979-11-85488-05-9 (세트)